Roman Grafe (Hg.)

Die Schuld der Mitläufer

Anpassen oder Widerstehen
in der DDR

Pantheon

Groß Gievitz in Mecklenburg, 1987

FSC

Mix

Produktgruppe aus vorbildlich
bewirtschafteten Wäldern und
anderen kontrollierten Herkünften

Zert.-Nr. SGS-COC-1940
www.fsc.org
© 1996 Forest Stewardship Council

Verlagsgruppe Random House FSC-DEU-0100
Das für dieses Buch verwendete FSC-zertifizierte Papier *Munken Premium*
liefert Arctic Paper Munkedals AB, Schweden.

Erste Auflage
September 2009

Umschlaggestaltung: Büro Jorge Schmidt, München
Satz: Ditta Ahmadi, Berlin
Druck und Bindung: GGP Media GmbH, Pößneck
Printed in Germany 2009
ISBN: 978-3-570-55106-6

www.pantheon-verlag.de

Inhalt

Das Schweigen der Mehrheit 9

WOLF BIERMANN
Buntes Grau. Ein paar Details 13

RAINER SCHINZEL
Ich trug gern das blaue Halstuch.
Erst Mitläufer, dann Wegläufer 25

MANFRED WAGNER
Wer dagegen ist, steht auf! Ein Schlüsselerlebnis 32

FRITZ J. RADDATZ
Krummer Mut. Mein Versagen als Bürger der DDR 39

HANS-GEORG ANDERS
Muß ich auf Menschen schießen?
Eine einsame Entscheidung 52

ELISABETH FREYER
Mein Vater hat leidenschaftlich gern Kontra gegeben.
Eltern haften – und ihre Kinder 59

DORA CLAUSSNER
Wir waren brav. Mal mehr, mal weniger 69

LUTZ RATHENOW
Warum kam ich an die Grenze? Weil ich dorthin wollte 74

ULRICH SCHACHT
Die Lüge eine Last und die Wahrheit ein Ziel.
Spuren einer Freiheitssuche 80

DIETMAR RIEMANN
Ich wollte nicht mehr mitmachen.
Geschichte einer Verweigerung 91

WALBURGA RAEDER
Erst später begann ich mich zu wehren.
Ja sagen und nein sagen 101

JOACHIM STEIN
Keinesfalls Zugeständnisse an die Stasi.
Mein Freund Karl Corino 107

KARL CORINO
Anpassung bis zur Skrupellosigkeit. Nachschrift 112

HANNES SCHWENGER
Verfolgte Unschuld? Mitläufer jenseits der Grenzen 115

FREYA KLIER
Ohne mich. Stachel im faulen Staatsfleisch 122

STEPHAN KRAWCZYK
Bei den Grundsätzen.
Von Mitgehern, Mitläufern und Mittätern 133

SIBYLLE SCHÖNEMANN
Drei Affen, schuldlos. Eine offene Rechnung 141

HORST SCHMIDT
Sie morden wieder auf Befehl. Vater eines Maueropfers 145

ULRIKE LIEBERKNECHT
Aber das machen doch alle!
Erinnerungen ans Anderssein 152

ERICH LOEST
Wir wollen nichts riskieren. Mitläufers Nachtlied 164

JOACHIM WALTHER
Hegel kommt. Freundschaft als Legende 167

ROMAN GRAFE
Wohlfühldichtung für Mitläufer.
Das Lügenmärchen vom guten Stasi-Mann 175

Anhang
Zu den Autoren und Fotografen 189
Personenregister 195
Ortsregister 199
Sachregister 201
Bildnachweis 204

Das Schweigen der Mehrheit

Ein Januarmorgen 2009. Ich lese aus meinem Buch *Die Grenze durch Deutschland* im sächsischen Hoyerswerda, einst sozialistische Vorzeigestadt. Die Geschichte einer tödlich gescheiterten Flucht aus der DDR, nahezu trostlos. Die Schüler einer 11. Klasse des Lessing-Gymnasiums schweigen bestürzt. »Warum war das möglich?« fragt die Lehrerin. Der Grenzsoldat habe 1973 wahrscheinlich aus Angst vor Strafe geschossen, meint ein Schüler. Der Soldat habe ja zur Armee gemußt und auf Befehl gehandelt. »Und aus Überzeugung«, sagt eine Mitschülerin. Er sei ja politisch geschult gewesen und habe nicht gewußt, daß es ein Verbrechen ist, was er tut.

Mein Gott, denke ich, aus den Mündern der Kinder die kleinen Schwindeleien der Elterngeneration, aus denen die großen Lügen gemacht werden: nichts gewußt, keine Wahl, wie befohlen, nicht zu ändern.

»Ich sehe drei Strömungen damals: die Leute, die für die Partei waren, denen ging's gut, dann die Mitläufer, denen ging's auch gut, und schließlich die, die gegen die Partei waren. Denen ging's miserabel.« Der Schauspieler Armin Mueller-Stahl über Leben in der DDR (FAZ, 19. 12. 2008)

Ich erzähle ihnen, daß niemand gezwungen wurde, zu den Grenztruppen zu gehen. Daß der Soldat straflos hätte danebenschießen können. Daß der Schießbefehl offensichtlich menschenrechtswidrig war.

Warum war das möglich? Ein Schüler: »Meinen Eltern ging's gut, die sahen keinen Grund, sich aufzulehnen.« Eine Schülerin: »Die meisten waren halt Mitläufer. Wie heute auch.« Selten hat mich eine klare Antwort so gefreut.

Wir konnten nicht anders, wir mußten ja, wir haben das nicht gewußt, wir haben im besten Glauben gehandelt, weil wir überzeugt waren von der Idee, von der guten Sache. Das höre ich immer wieder, wenn ich in der Ex-DDR abends vor erwachsenem Publikum lese. Welche gute Idee braucht zur Durchsetzung einen Schießbefehl, frage ich dann. Für welchen Glauben darf man über Leichen gehen?

Es gab in der DDR ein kollektives schlechtes Gewissen wegen der Diktaturverbrechen. Dieser Teil der Wirklichkeit wurde mehrheitlich verdrängt, oftmals bis heute. Seit dem Mauerfall sagen viele: »Es war nicht alles schlecht in der DDR.« Das stimmt. Es war aber auch nicht alles gut in diesem Staat.

Auch das habe ich zweimal nach Lesungen gehört, in Thüringen, von älteren Frauen: Ich schäme mich, in der DDR ein Mitläufer gewesen zu sein. Und manchmal erzählt jemand von Menschen, die den Ritualen der Anpassung widerstanden. Und wie sie dann von den Unterwürfigen meistens als Querulanten abgetan und im Stich gelassen wurden. Wie die Zuschauer wegschauten, schwiegen und stillhielten. Oder sich manchmal auch solidarisierten.

Nach dem Ende der Nazi-Diktatur war die Frage nach den Schuldigen zunächst umfassend gestellt worden. In den Spruchkammern der Besatzungsmächte wurden Mitläufer ausdrücklich benannt – und entlastet. Nach Jahrzehnten des Verdrängens wird nunmehr die Schuld der Mitläufer im nationalsozialistischen Deutschland zunehmend anerkannt.

Der Sozialwissenschaftler Jan Philipp Reemtsma schreibt in seinem Buch *Gebt der Erinnerung Namen* 1999: »Niemand kann von einem anderen verlangen, ein Held zu sein. Wohl aber kann von jedem verlangt werden, daß er kein Schurke und kein Lump sei. Seit 1945 sind im Zusammenhang mit dem Nationalsozialismus moralische Fragen unzulässig auf die Alternative: dulden oder widerstehen unter Einsatz des Lebens (oft sogar: Mittäter oder Selbstmörder) verkürzt worden ... Das Bild einer nur passiven Bevölkerung zu zeichnen, der es allein an dem Heldenmut gefehlt habe, der im Zweifelsfalle jeder Mehrheit fehlt, ist historisch falsch.«

Zahlreiche Veröffentlichungen nach dem Ende der DDR (und auch vorher schon) zeigen fundiert und eindringlich, wie die kriminelle Min-

derheit der Machthaber die Minderheit von offenen Regimegegnern drangsalierte. Jenseits dieser
Täter-Opfer-Betrachtung fehlt es (warum wohl?)

»Wir konnten nicht anders, wir mußten ja ...«, Leipzig 1986

an Darstellungen zur Mehrheit der Angepaßten: der Mitläufer, die sich
eingereiht hatten, ohne sich für das kommunistische System besonders
zu engagieren.

Die Verklärung der SED-Diktatur, das fehlende Grundwissen der
Nachgeborenen, die unerhörten Geschichten vom großen Mut kleiner
Leute – das waren Gründe für mich, diese Sammlung von Zeitzeugnis-
sen herausgeben zu wollen. Ich danke den Autoren für ihre Mühe, ihr
Vertrauen, ihre Offenheit. Fast alle hatten sich zunächst mit den Verhältnissen in der DDR arrangiert. Die meisten wurden vom Staatssicherheitsdienst »bearbeitet«. Manche hat man für ihren Widerstand ins Gefängnis gesteckt, andere blieben bewußt unterhalb der staatlichen
Reizschwellen; sie gingen ins »innere Exil« und versuchten, mit Anstand
»zu überwintern«. Jeder zweite entzog sich letztlich dem Verfügungsan-
spruch des Staates durch Flucht oder Übersiedlung in den Westen oder
wurde ausgebürgert. Zwei Autoren reisten als Westdeutsche mehrfach in
die DDR; sie halfen Verfolgten und wurden bespitzelt.

»Die Menschen hier mußten ja mitmachen«, erklärte mir jüngst ein
Schüler im früheren DDR-Grenzdorf Geisa. Darauf eine Mitschülerin:
»Ja, sie mußten mitmachen – aber nicht alles!«

Von den »Jedermannsmöglichkeiten in diesem Land des Gehorsams« sprach 1996 Joachim Gauck, der erste Bundesbeauftragte für die Stasi-Unterlagen: »›Was konnte man denn tun?‹ fragten alle, die zu wenig versucht hatten, nach dem Ende einer Diktatur – eine Frage, die ihre Antwort in sich tragen soll: ›Nichts.‹ Wir wissen, daß sie so nicht richtig ist. Aber nicht nur die Märtyrer lehren uns das, sondern die einfachen Neinsager unter den Jasagern.«

Der Autor Stephan Krawczyk: »Der gelernte DDR-Bürger wußte, wann er zu applaudieren hatte, damit ihm die Herrschaft nicht in den Alltag funkt. Bestimmte Dinge mußten nicht unbedingt gesagt oder getan werden. Zum Beispiel nicht zur Wahl zu gehen oder die Fahne nicht zur rechten Zeit hinauszuhängen oder nicht drei Jahre zur Armee zu gehen oder nicht den Kampfgruppen beizutreten oder nicht Genosse zu werden oder nicht für die Stasi zu spitzeln. In jedem dieser Fälle gab es die Möglichkeit, entweder ja oder nein zu sagen. Der gelernte DDR-Bürger sagte nicht nein, wenn es für ihn besser war, ja zu sagen. Es hätte ihm nur das Leben schwergemacht. Wenn man sich von den Rändern der Gesellschaft fernhielt, konnte man in Ruhe alt werden. Wer wollte das aufs Spiel setzen?«*

Zwischen Anpassen und Widerstehen konnte ein jeder sein Maß finden. Wie viele haben dieses Maß ernsthaft gesucht? Und wie viele sind widerwillig oder bereitwillig mitgelaufen? Was wäre passiert, wenn die Mehrheit der DDR-Bürger nicht einen Handschlag mehr für den SED-Staat getan hätte, als zwingend vorgeschrieben war?

Man mußte ja kein Widerstandskämpfer sein, um der Versuchung des Mitlaufens und Mitmachens zu widerstehen. Die Angst, wegen Widerstands Vergeltungsmaßnahmen ausgesetzt zu sein, mußte kein Grund sein, gleich den Weg des geringsten Widerstandes zu gehen. Um zumindest passiv Widerstand zu leisten, mußte man auch in der DDR kein Held sein. Ohne die Mitläufer hätte die Diktatur nicht vierzig Jahre so funktioniert. Die Täter konnten sich auf das Schweigen der Mehrheit verlassen. Die Anthologie vereint 22 Geschichten von Staats-Hörigkeit oder Aufbegehren inmitten einer angepaßten Umwelt.

Roman Grafe
Juli 2009

---

* Joachim Gauck: »Unterwerfung, Anpassung, Widerstand. Anmerkungen zum Leben unter totalitärer Herrschaft«, Vortrag am 19. Juli 1996 in der Staatsbibliothek Berlin; Stephan Krawczyk: »Kindergarten, Schießbefehl, Bier für 50 Pfennig«, in: *Die Welt*, 7. Oktober 2008.

WOLF BIERMANN

Buntes Grau.
Ein paar Details

Die Schuld der Mitläufer. Anpassen oder Widerstehen in der DDR. Der Herausgeber dieses Sammelbandes, Roman Grafe, gibt mir genau diesen Titel vor. Sein dickes Buch über den Todesstreifen an der deutsch-deutschen Grenze – also weniger technisch und lieber menschlich formuliert: Das Buch über die Auftragsmörder im Politbüro der SED, die Schreibtischtäter in den militärischen Einheiten, die Offiziere, und auch über einzelne Grenzsoldaten, die am Ende dieser kafkaesken Befehlskette die blutige Dreckarbeit machten, hat mich beeindruckt. Also möchte ich nun dem jungen Mann nicht nein sagen. Aber meine Themen finde ich eigentlich selbst. Und dieses nun vorgeschriebene Thema provoziert Widerspruch, will sagen: wie bei Atemnot, ein polemisches Luftholen. Die Fragestellung »Anpassen oder Widerstehen« unterstellt ja eine Schwarzweißsicht auf die bunte Welt, und das nervt das engagierte Publikum in den gemütlichen Zuschauerlogen der politischen Arena, und es stößt sogar mich ab, zumindest auf den ersten Blick. Auch das Grau in Grau der DDR-Diktatur war ja bei näherem Hinsehn ein buntes Grau. Die meisten lebendigen Menschen in der DDR haben nämlich immer beides zugleich: sich angepaßt und widerstanden. Also: Nicht »ODER« müßte die interessantere Frage lauten, ein »UND« wäre treffender, schlechter ein »WEDER NOCH«, und besser wäre wohl ein scharfes »SOWOHL ALS AUCH«.

Und das würde dann reizen, realistisch und das heißt: differenziert zu malen, wenn es um ein Sittenbild über das Leben in der DDR-Diktatur geht. Die Schablone eines apodiktischen Entweder-Oder-Denkens langweilt das verwöhnte Publikum im Welttheater. Zu viele Apologeten und Moderatoren, allerhand Maulhelden und rattenfängerische Wahlkämpfer haben über die DDR seit der Wiedervereinigung auf dem Jahrmarkt eitler Talkshows, in Artikeln und sonstigen Maulschlachten immer wieder sich den Mund fußlig und all zu oft eifrig und geifrig aneinander vorbeigeredet.

Was könnte das also bedeuten: Anpassen oder Widerstehen …

Ich jedenfalls war auch in meiner Drachentöterzeit vom Verbot 1965 bis zur Ausbürgerung 1976 in der DDR kein chronisch lupenreiner Held,

Wolf Biermann im Juli 1973 in seiner Ost-Berliner Wohnung während der »Weltfestspiele der Jugend und Studenten«, bei denen er nicht auftreten durfte.

denn sonst wäre ich schon lange tot. Der französische Skeptiker aus Rumänien Emile Cioran schrieb mal: »Ganz ohne Lebenslügen würde kein Mensch auch nur einen Tag überstehn.« Auch das Sich-nicht-Anpassen kann in bestimmten Zeiten eine Form der Anpasserei sein.

Nein, es kann feste Normen nicht geben, weder für die Grenzen der Anpassung in Zeiten brutaler Unterdrückung, noch gibt es verbindliche Maßstäbe für den Grad des Widerstandes, den ein aufrichtiger Mensch in irgendeiner Diktatur wagen soll.

Das komplette Sittenbild der totalitären DDR-Diktatur kann keiner malen, aber ein paar Details will ich skizzieren. Nehmen wir die Schriftsteller und Künstler – auch sie sind Soldaten und manchmal sogar Generäle in dem, was Heinrich Heine in seinem Gedicht »Enfant Perdu« den Freiheitskrieg der Menschheit nannte. Dieser Krieg wird immer wieder gewonnen und verloren und in jeder Epoche wieder neu gewagt. Wie feige darf man, wie mutig muß man da sein? Wie weit etwa ein Dichter in diesem ewigen Freiheitskrieg geht, genauer: wie weit zu weit und wann und wo … all das hängt von vielen und sehr verschiednen Umständen ab: Schreibt er etwa Dramen, braucht er also immerhin ein Theater, das ihn spielen darf. Dies Problem kannten etwa Brecht und Heiner Müller und haben beide sich kümmern und krümmen müssen. Oder schreibt ein Mensch verbotene Gedichte, dann braucht er immerhin eine Schreibmaschine und womöglich Leute, die sich seine Werke mit der Hand heimlich abschreiben.

Mit solchem Samisdat haben sich meine Verse in der DDR massenhaft verbreitet. In den zwölf Jahren meines totalen Berufsverbots gab es für meine Lieder nicht mal einen kleinen Konzertsaal, aber es gab genügend DDR-Bürger, die ein Tonbandgerät hatten und sich kopierte Kopien kopierten. Auf diese Weise verbreiten sich in der unfreien Gesellschaft die geächteten Werke in geometrischer Reihe: 2 – 4 – 8 – 16 – 32 – 64 – 128 – man kennt die schöne alte Geschichte vom Schachbrett und den Reiskörnern. Das sind Formen massenhafter Verbreitung, die erreicht man mit keiner Ware auf dem freien Markt.

Ein aufmüpfiger Angsthase, der sich heimlich in seinem Zimmer solch eine zwanzigmal kopierte Kopie verbotener Lieder anhört und vorher die Fenster schließt, damit kein Denunziant im Hinterhof ihn hört und verpfeift, der leistet im Grunde ja auch schon Widerstand in solch einer totalitären Diktatur – und sei es ein Widerstand gegen seine eigene Verzagtheit. So klein klein klein fängt es doch an! Und den West-Menschen, die niemals solche Erfahrungen machten, sollte geduldig erklärt werden: Mit jeder Kopie eines Tonbandes verdoppelt sich das Grundrauschen der Tonaufnahme, leider! Von Hi-Fi kann da also von mal zu mal weniger die Rede sein. Ich habe mal in Moskau zugeschaut, wie russische Dissidenten zusammensaßen und eine solche Vielfachkopie mit Liedern des frechen Protestsängers Wyssozki und des melancholischen Barden Bulat Okudshava anhörten. Das Bandrauschen war so stark, daß man das Lied kaum noch hören konnte. Und trotzdem, nein: gerade deswegen! war es ein genialer Sound. Dieses unerträgliche Bandrauschen nämlich transportiert die vielleicht brisanteste Information: Du bist nicht so hoffnungslos allein, wie du vielleicht immer dachtest! Du stehst nicht auf verlorenem Posten in diesem Streit gegen einen allmächtigen Staat, gegen eine alleswissende Geheimpolizei und gegen eine allesbestimmende Parteibonzenbande. Tausende Menschen haben diese Lieder genau so wie Du trotz der Gefahren gehört und heimlich verbreitet.

Aber viele andere Dinge spielen eine Rolle im Kampf gegen den totalitären Drachen: Wie brutal ist die Unterdrückung, wie stark ist die Überwachung? Ist der Mensch, der sich wehrt, gesund? Nimmt er sich wichtig genug? Nimmt er sich zu wichtig? Ist er schon genügend alt? Ist er noch schön jung? Hat er genug Geld auf der Kante? Ist er verantwortlich für eine Familie? Ist er geschützt durch eine stabile Popularität oder nur durch flüchtige Berühmtheit? Hat er tapfere Freunde? Und hat er heimliche Freunde auch im Lager seiner Feinde? Hat er gefährliche Schrullen? Ist er zu leichtsinnig oder zu leichtsinnlich? Hat er die Eitelkeiten oder haben sie ihn? Und entsprechend die heikle Frage: Hat er die Ängste oder haben sie ihn. Kommt das vielleicht Wichtigste hinzu: Wie

»Wie feige darf man, wie mutig muß man da sein?« Volksaufstand am 17. Juni 1953 in Ost-Berlin

sind die objektiven Chancen im Geschichtsprozeß in diesem flüchtigen Moment: Lebt er grade in der »bleiernen Zeit« einer stabilen Diktatur oder in einer Phase, in der sich die Wirklichkeit zum revolutionären Gedanken drängt …

Gewiß, irgendwann ging in der Weltgeschichte immer auch die ewige Nacht einer finsteren Zeit eines schönen Tages zu Ende. Das konnte manchmal allerdings mehrere Generationen dauern oder immerhin ein Menschenleben. Brecht hatte solche düsteren Gedanken in den letzten Jahren seines Lebens in der DDR. Da schrieb er in seinen *Buckower Elegien* ein Kurzgedicht, für das ich mir mal eine Musik gemacht habe: Beim Lesen des Horaz. Brecht schrieb das, als Stalin starb, der millionenfache Massenmörder. Das war das Jahr 1953, als der Schüler Wolf Biermann, 16 Jahre alt, von West nach Ost ging, als die Maurer und Zimmerleute auf der Stalin-Allee in Ostberlin den Arbeiter-Aufstand des 17. Juni eröffneten.

Beim Lesen des Horaz

Selbst die Sintflut
Dauerte nicht ewig.
Einmal verrannen
Die schwarzen Gewässer.
Freilich, wie wenige
Dauerten länger!

16

Gewiß, und immer wieder nach irgendeiner Befreiung! Wenn irgendwelche finsteren Zeiten dann endlich vorbei sind, im strahlenden Lichte einer erkämpften Freiheit oder im Dämmerlicht einer geschenkten Demokratie, im Alltags-Frieden ziviler Kompromisse, ja, wenn diese oder jene Epoche einer Diktatur sich endlich doch geendigt hat, dann wimmelt es von selbsternannten Lichtgestalten des eingebildeten Widerstands. Sie brüsten sich mit eingebildeten Wunden und spreizen sich mit nie getanen Heldentaten. Über diesen Mummenschanz gibt es einen geistreichen Sarkasmus:

»Wenige waren wir – und viele sind übriggeblieben!«

Ich hatte große Hoffnungen auf den Prager Frühling 1968 – und im Grunde auch die Hoffnung, daß es auch bei uns in Ostberlin im Politbüro der SED einen DDR-deutschen Dubček gibt, der plötzlich wie ein demokratischer Phönix aus der totalitären Asche steigt. Als ich nach dem Einmarsch der Warschauer-Pakt-Armeen entsprechend niedergeschlagen war, desillusioniert und ratlos, rappelte ich mich wieder auf mit diesen Versen:

Kleines Lied von den bleibenden Werten

Die großen Lügner und was
Na, was wird bleiben von denen?
– daß wir ihnen geglaubt haben
Die großen Heuchler und was
Na, was wird bleiben von denen?
– daß wir sie endlich durchschaut haben

Die großen Führer und was
Na, was wird bleiben von denen?
– daß sie einfach gestürzt wurden
Und ihre Ewigen Großen Zeiten
Na, was wird bleiben von denen?
– daß wir sie einfach gekürzt haben

Sie stopfen der Wahrheit das Maul mit Brot
Und was wird bleiben vom Brot?
– daß es gegessen wurde
Und dies zersungene Lied
Na, was wird bleiben vom Lied?
– daß es vergessen wurde

Ja, wenn man genauer hinschaut, erweist jedes simple Menschenleben sich als romanhaft kompliziert. Was wäre in Zeiten der Unterdrückung eigentlich Anpassung! Und was darf man in Wahrheit Widerstand nennen?

Im Museum der Warschauer Ghettokämpfer Lochamei Ha'getaot in Israel, das ist nördlich der Hafenstadt Haifa, fand ich eine Definition von Widerstand, die mir neu war. Da werden von Fachleuten und Zeitzeugen des Ghetto-Aufstands zehn verschiedene Grade Widerstand nebeneinander gereiht, vom Mitleid bis zum bewaffneten Kampf. Widerstand sei es am Abgrund des Todes schon, wenn »a mensch« einem sterbenden Kind in den Straßen des Warschauer Ghettos eine Krume Brot abgibt und ihm das dünne Mäntelchen über die nackten kalten Beinchen zieht. Widerstand sei es auch, wenn ein Mann im Ghetto trotz des unerhörten Elends in Hunger und Kälte und Todesangst noch versucht, sich zu rasieren, sich zu waschen, wenn eine Frau im Viehwaggon sich noch die Haare kämmt und womöglich ihre Lumpen vom Schmutz säubert. Der Widerstand steigert sich mit der selbstlosen Hilfe für einen Menschen, der sich vor der Deportation auf dem Umschlagplatz im Warschauer Ghetto verstecken will in einem Kellerloch. Es wird da als eine Form des Widerstands auch gewürdigt, wenn ein Kind Lebensmittel aus dem arischen Teil der Stadt durch die Kanalisation ins Juden-Ghetto schmuggelt. Als Widerstand gilt auch, wenn Leute Geld geben für den Kauf von Waffen. Eine bedeutende Form des Widerstandes war natürlich, wenn der alte Dichter Jizchak Katzenelson der Yonat Sened und anderen Kindern im Bunker heimlich Gedichte von Heinrich Heine beibrachte oder diesen polnischen Jidden die hebräische Sprache, die ihnen dann in der Gaskammer von Treblinka oder in Auschwitz nicht mehr half. Und es war Widerstand, wenn halbwüchsige Chaluzim den jüdischen Gestapo-Spitzel Alfred Nossig töteten. Auch wenn der Historiker Emanuel Ringelblum Dokumente in einer Milchkanne unter dem Keller eines zerschossenen Wohnhauses im Warschauer Ghetto vergrub, dann war das ein Akt heroischen Widerstands. Und die »höchste« Form des Widerstandes war, wenn solche Kämpfer des Aufstandes im Warschauer Ghetto wie Jizchak Zuckermann oder Marek Edelmann mit Waffen den Kampf gegen die Mordmaschine der Deutschen und ihre polnischen Kollaborateure wagten.

All das schärfte mir den Blick dafür, daß auch der Widerstand in der DDR viele Facetten hatte, vom Ulbricht-Witz über den Fluchtversuch bis zur offenen Opposition. Es empört mein Herz, daß mein zerfreundeter

Freund und falscher Feind Günter Grass die Diktatur bei uns als »moderat« so brutal verharmloste.

In diesem lebenslänglichen Spezialfach »Widerstand« kriegte ich eine starke Lektion gleich im Mai 1953, als ich erst seit ein paar Tagen in Gadebusch gelandet war. Eine zarte, stille Schülerin der 9. Klasse, Margot Ullerich, wurde vom Rektor Clemens Ewert vor den versammelten Schülern und allen Lehrern der Heinrich-Heine-Oberschule und vor dem Bürgermeister und dem Parteisekretär der Mecklenburger Kreisstadt und unter den Glubschaugen der örtlichen FDJ-Sekretärin vom Präsidiumstisch herunter aufgefordert, sich zu distanzieren von der evangelischen Kirche. Das Mädchen sollte seinen Austritt aus der »Jungen Gemeinde« erklären. Die Antwort, sehr leise und sehr fest: »Nein. Ich glaube an Gott.«

Ich habe in diesen Tagen zum ersten Mal in meinem Leben den *Playboy* gelesen – und das hat sich gelohnt. Ein Stasi-Arzt aus der berüchtigten Untersuchungshaftanstalt des MfS in Hohenschönhausen, wurde – jetzt, in der Februar-Ausgabe – zwanzig Jahre nach dem Fall der Mauer von einem seiner Opfer zur Rede gestellt, von der einstmaligen DDR-Fernsehansagerin Edda Schönherz. Diesen Teil des Dialogs habe ich mir aus dem Glitzerglamourheft abgeschrieben:

Schönherz: Aber die DDR war eine Diktatur.
Dr. Dr. Böttger: Für mich eher eine gemütliche Knechtschaft. In Ihnen kochen Rachegelüste, das spüre ich.
Schönherz: Ein bißchen ist das so. Zumindest rechne ich Ihnen hoch an, daß Sie sich dem Gespräch stellen. In einem anderen Leben wären wir vielleicht Freunde geworden.

»Gemütliche Knechtschaft ...« – eine geniale Wortschöpfung. Mich rührt diese Passage, und sie widert mich an. Der Wortwechsel zeigt in komprimierter Form, wie anrührend versöhnungssüchtig immer wieder und immer noch die Opfer sind. Und er zeigt, daß die Täter ihren Opfern nach dem Ende der Diktatur niemals verzeihen werden. Aber diese Sichtweisen sind fast noch naiv von beiden Seiten, im Vergleich mit dem brutalen Zynismus eines Politprofessors in Potsdam. In diesen Tagen fand ich in der großbürgerlichen *FAZ* seine Kennzeichnung der DDR als eine »Konsensdiktatur«. Wer hat auf diesen Begriff das Copyright? Dem Schriftsteller Grass jedenfalls gebührt es für das Unwort »kommode Diktatur«.

Wenn ein deutscher Universitätslehrer solchen verbrecherischen Unsinn verbreitet, dann ist das besonders fatal, weil es ja grade in Deutschland eine wirkliche Konsensdiktatur gegeben hat, grad eben noch: Das III. Reich. Unter Hitlers Herrschaft waren wirklich über 90 Prozent der Bevölkerung einverstanden mit dem totalitären Regime. In bezug auf die DDR aber ist diese Verwendung des Begriffs »Konsensdiktatur« eine plumpe Lüge, eine Verleumdung dazu. Aus Sicht der historischen Wissenschaft falsch, aus politischer Perspektive reaktionär und in seiner ethischen Dimension zynisch.

Es gab keinen Konsens in der DDR mit dem Regime. Eine Minderheit von Nutznießern jubelte, die Mehrheit aber hatte sich mehr oder weniger ins Schicksal ergeben, daß allein sie die Strafe absitzen müsse für die Kriegsverbrechen und Völkermorde des Hitler-Reiches. Ich habe nach dem Zusammenbruch der DDR genauer nachgeforscht, wie stark die Gestapo in der ersten und wie stark die Staatssicherheit war in der zweiten Diktatur. Und das kam dabei heraus: Es gab pro Kopf der Bevölkerung etwa fünfzig mal mehr Mitarbeiter des MfS bis 1989 als bei der Geheimen Staatspolizei bis 1945. Auf den ersten naiven Blick ein Schock. Aber in Wirklichkeit offenbaren diese Zahlen eine interessante Wahrheit: Die allermeisten Deutschen waren begeistert von der Nazidiktatur, also brauchten die Herrschenden nur solch einen kleinen Unterdrückungsapparat gegen das eigene Volk. Und so spricht es also für die Deutschen in der DDR, daß der MfS-Geheimdienst zur Bespitzelung und zur Unterdrückung der DDR-Bürger so riesengroß sein mußte. Es gab eben viele Ostmenschen, die gegen diese rotgetünchte Diktatur waren, so daß ein Heer von 91 Tausend hauptamtlichen Mitarbeitern des MfS vonnöten war, um diese wacklige SED-Herrschaft stabil zu halten. Und es gab außerdem noch weit mehr als 100 Tausend Inoffizielle Mitarbeiter des MfS, vulgo »Spitzel«. Auch das spricht für die Menschen in der DDR: weil es dort eben nicht so viele willige Nachbarn und Kollegen und Bekannte gab, die nichtkonforme Bürger denunzierten. Nazideutschland war also leider wirklich eine Konsensdiktatur. Die DDR aber war eine Diktatur gegen den Willen der großen Mehrheit der Bevölkerung.

Selbst wenn heute, zwanzig Jahre nach dem Zusammenbruch des sozialistischen Lagers, zehn oder sogar zwanzig Prozent der Bürger in den neuen Bundesländern die Partei ihrer alten Unterdrücker frei wählen, dann wählen also schon achtzig Prozent der Menschen eine der demokratischen Parteien. Das ist eben der mühsame Weg in die unbe-

queme, die ewig unvollkommene Demokratie. Es tut eben grade auch den befreiten Sklaven und den allzu lang entmündigten Untertanen weh,

»Die Mehrheit aber hatte sich mehr oder weniger ins Schicksal ergeben, daß allein sie die Strafe absitzen müsse ...« Ost-Berlin 1983 – die Spree fließt in den Westen ...

wenn sie nach der Befreiung merken, daß das Zauberwort Freiheit in klares Deutsch übersetzt nichts anderes bedeutet als: verantwortlich sein für sich selber.

In einer anonymen Umfrage, die 1950 in der westlichen Bundesrepublik Deutschland gemacht wurde, offenbarten etwa zwanzig Prozent der Deutschen, daß sie die NSDAP wählen würden, wenn es nicht inzwischen verboten wäre.

Wir haben es erlebt, erlitten und genossen: In einer totalitären Diktatur kann schon ein Wimpernschlag der Widersetzlichkeit Widerstand bedeuten, weil solch eine totalitäre Diktatur halt nur total funktioniert oder gar nicht.

Und abermals wird das Komplizierte immer noch komplizierter: Selbst die schlimmsten Unterdrücker gehören, wenn wir die Perspektive wechseln, ja auch zu den Opfern ihres eigenen Regimes. Die Angst eines strammen Genossen vor seiner SED-Parteikontrollkommission konnte größer sein als die Angst eines Oppositionellen vor der Stasi. Manche Allesmitmacher hatten gar keine, aber andere hatten sogar mehrere Seelen in ihrer Brust. So kommt es, daß manche Täter sich allen Ernstes zugleich auch als Opfer fühlen, weil sie ja von Zeit zu Zeit in besonderen Fällen sogar einen humanen Schwächeanfall erlitten. Und auf der

Gegenseite passierte es, daß umgekehrt auch Opfer sich partiell als Täter sahn, weil sie manchmal halb blind, halb ängstlich doch weggeschaut haben. .

Albert Einstein: »Die Welt ist viel zu gefährlich, um darin zu leben – nicht wegen der Menschen, die Böses tun, sondern wegen der Menschen, die daneben stehen und sie gewähren lassen.« Kurz: Die Grenzen zwischen Gut und Böse sind fließend.

Einreise nach Ost- Berlin am 1. Dezember 1989 zum ersten Konzert in der DDR nach der Ausbürgerung 1976

Allein, wenn ich an meinen Freund Jürgen Böttcher denke, den bedeutendsten Dokumentarfilmer der DDR, dann habe ich schon den halben Regenbogen der Bedeutungen des Wortes »Widerstand« vor Augen. Etliche seiner starken Filme wurden verboten und landeten gleich im Panzerschrank. Für einen schwächeren Propaganda-Film kriegte er zur Strafe den Nationalpreis.

Dabei war er all die Jahre Mitglied der SED, schon von Anfang an, nach dem Nazikrieg. Und wenn seine dumpfbackigen Genossen ihn zwingen wollten, sich von mir zu distanzieren, dann sagte er in der Parteiversammlung: »Genossen, ihr habt ja recht. Aber ich kann leider nix machen, denn wir sind befreundet …« So zog er den Kopf ein, aber er behielt tapfer seinen eigenen Kopf.

In all den Jahren meines Totalverbots von 1965 bis zur Ausbürgerung 1976 war ich umstellt von Spitzeln der Staatssicherheit, aber ich war zugleich umgürtet von Freunden, berühmten und unberühmten DDR-Menschen, die dafür sorgten, daß ich nicht vereinsame, verbittere und verhärte und verblöde.

Zudem vermute ich, daß es in Wahrheit noch vertrackter ist: Es müssen in jeder stabilen Lebenslüge immer auch ein paar wacklige Wahrheiten stecken, in jeder Barbarei Spurenelemente der Menschlichkeit. Der einzelne Mensch braucht sie, um seine lebensnotwendigen Illusionen zu behalten.

Nun reicht es mit den Differenzierungen, sonst geraten wir in eine endlose Differenzialrechnung über infinitesimalgerechnete Ethik, wir quacksalbern uns in eine Approximation der Tangente als Sekante zum moralischen Proportionalitätsfaktor zwischen verschwindend kleinen Änderungen des moralischen Eingabewertes. Weder die Mathematiker Descartes noch Isaac Newton noch Leibniz oder Leonhard Euler können uns ersparen, grob und deutlich Partei zu ergreifen auf dem Affenfelsen der Menschheitsgeschichte. Die kompliziertesten Kompliziertheiten sind immer auch zugleich sehr einfach. Und deshalb steht ja in der Luther-Bibel das weise Wort:

Eure Rede aber sei: Ja, ja; nein, nein. Was darüber ist, das ist vom Übel.

Die Grenzen sind eben beides: fließend und nicht fließend. Das gilt auch für Täter und Opfer. Wenn aber von einem Mann berichtet wird, er sei in Auschwitz ums Leben gekommen, dann möchte ich erst mal genau wissen, ob er dort in der Gaskammer starb oder weil er als SS-Mann vor lauter Heimweh besoffen vom Wachturm gestürzt ist, in den elektrischen Stacheldrahtzaun. Natürlich war dieser fiktive SS-Wachmann auch ein Opfer der Nazis. Er kam immerhin schuldlos aus seiner Mutter Bauch, wuchs auf in der Weimarer Republik. Und dann haben Hitler und Goebbels und Himmler ihn fanatisiert und verblödet und mißbraucht zum Mordgehilfen. Aber er ist und bleibt unterm Strich bei der himmlischen wie in der irdischen Buchhaltung im »Buch des Lebens« ein Mörder. Er ist ein Menschenfeind wie auch der beseelte Selbstmordmörder in Tel Aviv, der sich mit einem Bombengürtel ins Moslem-Paradies davonmacht und dabei zehn Überlebende der Shoa mit in den Tod reißt.

Manchmal treffe ich lebenskluge und auch gebildete Westmenschen, die zu unserem Streit um die Deutungshoheit über die DDR-Diktatur leise sagen: »Ich habe es ja nicht selber erlebt, ich kann mir also kein Urteil erlauben …« – dann widerspreche ich. Jeder Mensch kann im tiefsten Grunde alles Menschliche und Unmenschliche aller Umstände und aller Zeiten beurteilen, egal, wo, wann und wie er aufwuchs: West oder Ost, links, rechts, arm, reich, hoch- oder schwach gebildet. Was

Freude und Leid ist, Tapferkeit und Feigheit, was Treue und Verrat, Lüge und Wahrhaftigkeit, Liebe, Haß und Heuchelei – das alles hat jeder Mensch in dem sozial-kulturellen Nest gelernt, in dem er zufällig ausgebrütet wurde. Und dann kann er, wie die Mathematiker sagen, von »n« auf »n + 1« schließen, kann also doch nein oder ja sagen. Und wenn er unter dem Eindruck neuer Erfahrungen sich irgendwann korrigiert, dann kann er auch zu einem anderen Urteil kommen. Aber!!! sich selbst prophylaktisch für unerfahren erklären, sobald es ernst wird, sich also eine vorauseilende Generalamnestie für feige Polit-Voyeure zubilligen – das ist nicht akzeptabel. So lumpenhaft bescheidene Sich-selbst-Entmündiger etwa im Konflikt um die Haltung zur DDR-Diktatur sollten sich mal fragen, warum sie eigentlich so vollmundig verurteilen, wenn es um die Verbrechen der Nazizeit geht, die sie ja selber auch nicht erfahren haben, geschweige denn erlitten.

Voilà, lieber Roman Grafe, Sie haben mich in ein vertracktes Terrain gelockt: Tretminen, Fangeisen, Sumpflöcher, Fallgruben. Es ist alles komplizierter und einfacher zugleich – und das macht es einfach kompliziert.

Ich trug gern das blaue Halstuch.

Erst Mitläufer, dann Wegläufer

Geboren wurde ich 1946 in Thüringen, aufgewachsen bin ich in der DDR. 1952 wurde ich in Probstzella eingeschult. Ich ging gern zur Schule, meine Klassenlehrerin, Fräulein Sonntag, mochte ich.

Als ich eines Morgens im März 1953 den Schulhof betrat, schauten die Lehrer sehr ernst, einige weinten. »Väterchen Stalin« war gestorben, und auch ich war traurig, als ich das erfuhr. Die orientierungslosen Lehrer schickten uns wieder nach Hause. »Keine Schule heute?« empfing mich mein Großvater. Ich hatte immer noch Tränen in den Augen. »Schule fällt heute aus, Stalin ist gestorben!« – »Gott sei Dank, daß dieser Verbrecher endlich weg ist«, sagte Opa Karl. »In der Schule darfst du das nicht sagen!« schärfte er mir ein. »Du verstehst das noch nicht.«

Ich verstand. Meinem Opa glaubte ich, Stalin kannte ich nur von Bildern. Daß er im Kreml immer ein Licht brennen hatte, weil er soviel arbeitete, das hatte mich schon beeindruckt. Nun war er tot. Wahrscheinlich hatte er zuviel gearbeitet. Meine Eltern sagten auch oft zu mir: »Erzähl' davon aber nichts in der Schule!« Daran hielt ich mich.

Die Schule war eine Welt für sich. Im Unterricht hörten wir, daß wir einer blühenden Zukunft entgegengingen. Die Sowjetunion mache dies möglich, hatten uns doch die Sowjetmenschen vom Faschismus befreit. Zu Hause erfuhr ich, daß uns die Russen – meine Verwandten kannten wohl den Begriff Sowjetmenschen noch nicht – auch von einigen anderen Dingen befreit hatten, von Fahrrädern und Uhren zum Beispiel. Darüber wurde nur im Flüsterton geredet, neugierig nahm ich solche Nachrichten auf.

Für das Leben lernte ich Wichtiges: Es gab Dinge, die galten nur in der Schule. Zu Hause, das Private, war eine andere Welt. Hier sah die Zukunft nicht rosig aus, die Erwachsenen machten sich Sorgen. Was ich lernte, war überlebenswichtig: Was durfte man wo sagen? Was durfte man wem sagen, was durfte man nie öffentlich äußern? Was mußte man von sich geben?

Ich entwickelte feine Antennen, die mich erkennen ließen, wes Geistes Kind jemand war. Eine bestimmte Wortwahl, selbst die Kleidung gab Aufschluß, wenn man jemanden einzuordnen versuchte. Trug dieser

»Du verstehst das noch nicht.« Opa Karl Groß mit Fahne am 1. Mai auf der Marktstraße von Probstzella in Thüringen, um 1950

eine Uniform oder ein Parteiabzeichen, war die Sache einfach.

Nach Stalins Tod wurde es immer wichtiger für die Erwachsenen, Radio zu hören, um informiert zu sein. »Ruhe, es gibt Nachrichten!« war ein drohender Hinweis vom Vater, dem unbedingt Folge zu leisten war. Er drehte dann, ebenso wie mein Opa, die Lautstärke des Radios herunter, so daß man kaum etwas verstehen konnte. Am lautesten waren noch die Geräusche der Störsender. »Hier ist RIAS Berlin, eine freie Stimme der freien Welt« – die Ansage beeindruckte mich immer wieder. Es war verboten, diesen Sender zu hören, soviel wußte ich.

Ich wurde bei den »Jungen Pionieren« aufgenommen. Wie meine Schwester trug ich gern das weiße Hemd mit dem blauen Halstuch. In der Schule wurden Strichlisten geführt: Wer sein Pioniertuch nicht trug, wurde notiert und mußte sich rechtfertigen. Hatte ich es einmal vergessen, entschuldigte ich mich: »… wird gerade gewaschen.«

Mit dem Sohn des Pfarrers, der neben uns wohnte, hatte ich denselben Schulweg. Wenn wir außer Sichtweite des Pfarrhauses waren, zog Michael sein blaues Tuch aus der Tasche und band es um. Ich wußte, daß sein Vater nicht erlaubte, das Tuch zu Hause zu tragen. Wir waren uns einig, daß unsere »Alten« Reaktionäre waren, weiter tauschten wir uns darüber nicht aus.

Das Leben in unserem Ort war für Heranwachsende spannend. Probstzella lag an der Zonengrenze. In den fünfziger Jahren gab es dort noch Tourismus; Sommerfrischler logierten im Hotel des Ortes, dem »Haus des Volkes«. In der Schule lernten wir, daß nicht alle Erholungsuchenden harmlos seien. Es befänden sich Agenten, Diversanten und Spione darunter, und wir wurden zur Wachsamkeit ermahnt.

Als kleine Grenzpolizeihelfer fühlten wir uns ernst genommen. Wir verbrachten viele Nachmittage damit, Wanderpärchen, die in Richtung Grenze spazierten, zu beobachten und Verdächtiges zu melden. Wenn uns fremde Erwachsene fragten, wo genau denn die Grenze sei, meldeten wir es. Für unsere Wachsamkeit wurden wir belobigt.

Wenn der Wind günstig wehte, tauchten manchmal vom Falkenstein her westdeutsche Ballons mit Flugblättern auf. Für uns Schüler war dies eine willkommene Abwechslung. Wir wurden eingeteilt, die Flugblätter zu suchen, einzusammeln und abzuliefern. Man ermahnte uns, die Flugblätter auf keinen Fall zu lesen, da diese vom Gift des Klassenfeindes getränkt seien. Das machte mich neugierig. Als mich niemand beobachtete, schob ich ein zusammengerolltes Flugblatt in meinen Fahrradlenker und steckte den Gummigriff wieder darüber. Zu Hause las ich gespannt: »Samstags gehört Vati uns.« Das war eine Parole der westdeutschen Gewerkschaft, die den Unterschied in den Arbeitszeiten BRD/DDR aufzeigen sollte. Das war nicht so aufregend – ich war doch eher froh, wenn mein Vater auch samstags arbeiten mußte und mir zu Hause keine Vorschriften machen konnte.

Einige Jahre meiner Kindheit verbrachte ich bei meinen Großeltern, da meine Eltern beide berufstätig waren. Ich erfuhr, daß der Bruder meiner Großmutter, Paul Beuthahn, im Zuchthaus Bautzen saß. Anfang der fünfziger Jahre war er wegen »Menschenhandels« zu 25 Jahren verurteilt worden. Er hatte Flüchtlinge über die Zonengrenze geschleust und sich dies bezahlen lassen. Bis Ende der sechziger Jahre war er in Bautzen. Zweimal im Jahr durfte seine Schwester ein Päckchen schicken. Die Diskussionen, was man denn ins Zuchthaus schicken dürfe und was verboten sei, beeindruckten mich.

Die Briefe, die meine Großmutter von ihrem Bruder erhielt, waren zensiert. Einen Brief zeigte sie mir einmal weinend: »Liebe Erna«, stand da. Der Rest war mit lila Kopierstift unleserlich gemacht worden, bis auf: »Mir geht es gut. Dein Paul!« Das war unheimlich. Auch Onkel Paul durfte nicht öffentlich erwähnt werden.

Meine Eltern wohnten am Marktplatz, im Gebäude der Gemeindeverwaltung. Meine Mutter arbeitete für die Gemeinde als Putzfrau. Wenn sie nach Dienstschluß die Räume säuberte, half ich ihr; manchmal stöberte ich neugierig in den Räumen herum, zu denen mir tagsüber der Zutritt verwehrt war. Ich entdeckte einen Raum, in den man Hunderte von Büchern hineingeschüttet hatte: Die Bibliotheken im Umkreis waren »gesäubert« worden.

Mir war klar, daß es niemand bemerken würde, wenn ich aus diesem Bücherberg etwas für mich abzweigte. *Unruhe um einen Friedfertigen* von Oskar Maria Graf war für mich eine Entdeckung. Ich las dieses Buch mit besonderem Interesse. In den Schilderungen des dörflichen Bayern und seiner Einwohner erkannte ich Parallelen: Wie sich damals dort der Faschismus ausgebreitet hatte, so breitete sich nun der Kommunismus in den Dörfern Thüringens aus. Leider wurde dieser herrliche Bücherhaufen bald abtransportiert, und ich ärgerte mich tagelang, davon nicht mehr mitgenommen zu haben.

1960 endete die Grundschule. Die meisten meiner Klassenkameraden wurden konfirmiert. Ich war »fortschrittlicher« und erhielt die Jugendweihe. Wegen meiner schulischen Leistungen wurde ich ausgewählt, die EOS zu besuchen – die Erweiterte Oberschule, das DDR-Gymnasium. Ich gehörte der »Freien Deutschen Jugend« (FDJ) an, war Mitglied in der »Gesellschaft für deutsch-sowjetische Freundschaft« (DSF), trat der »Gesellschaft für Sport und Technik« (GST) bei und lernte dort funken. Eigentlich sollte meiner weiteren schulischen Karriere nichts im Wege stehen. Als Schüler einer EOS gehörten wir einer kommenden Elite an, so sagte man uns. Die Schule wurde »Kaderschmiede des Sozialismus« genannt.

Die Lehrer waren vom Freund-Feind-Denken besessen und ermahnten uns zu sozialistischer Wachsamkeit. Der Klassenfeind lauerte überall, auch im Äther: Im Herbst 1961 fand die »Aktion Ochsenkopf« statt. FDJ-Trupps wurden über die Höhen des Thüringer Waldes gekarrt und agitierten. Blauhemd-uniformiert saßen wir auf einem Lkw und sangen: »Wir sind die junge Garde des Proletariats …«

Wir sollten die Dorfbewohner davon überzeugen, daß es besser sei, die nach Westen gerichteten Fern- *»Ich war fortschrittlicher.« Lehrer Siegmund beglückwünscht Rainer Schinzel zur Jugend- weihe, 1960*

sehantennen abzubauen. (Die Aktion war benannt nach einem auf dem Berg Ochsenkopf im Fichtelgebirge installierten Westsender.) Wenn wir in ein Dorf kamen, übergab uns der örtliche Funktionär eine Liste. Singend marschierten wir auf die Bauernhöfe: »Spaniens Himmel breitet seine Sterne / über unsre Schützengräben aus …« Die Leute reagierten unterschiedlich: Viele waren erschrocken und beeilten sich, uns zu versichern, daß sie ihre Antennen abbauen würden. Einige taten es auch sofort. Wir verbuchten das als agitatorischen Erfolg.

Es gab Zwischenfälle: Ein Bauer ließ uns nicht auf seinen Hof, er war erkennbar aufgeregt und forderte uns auf, zu verschwinden, verbunden mit der Drohung, seine Hunde loszulassen. Da hatten wir wahrscheinlich einen Klassenfeind getroffen, das wurde gemeldet. Sollten sich die erwachsenen Organe um ihn kümmern.

Am Ende des Tages wurde Bilanz gezogen, es war ein großer Erfolg: Wir waren den ganzen Tag an der frischen Luft gewesen und hatten die Macht der Arbeiterklasse demonstriert. Uns war klar, daß viele ihre Antennen unter dem Dachboden wieder aufbauten.

Mit einem Freund verzog ich mich in die Funkerbude der GST, die unter dem Dach des Schulgebäudes war, und wir schauten West-Fernsehen. Im verrauschten Programm des Hessischen Rundfunks bestaunten wir »Onkel Otto«, der in den Werbepausen erschien. Durch das Knarren der Holztreppe, die zu unserem Funkerstübchen führte, nahmen wir rechtzeitig wahr, wenn jemand kam. Wir wurden nie erwischt.

Später zeigte uns die Wirtin einer Dorfkneipe an, weil wir dort Westsender gehört hatten. Es gab eine große Untersuchung, die Stasi kam aus Saalfeld zu uns in die Schule. Man drohte mir damit, mich von der Schule zu verweisen. Ich war schon mehrfach angeeckt, auch aus Abenteuerlust oder Freiheitsdrang.

Am 23. März 1963 flüchtete ich übers Minenfeld bei Probstzella in die Bundesrepublik. Ich war mißtrauisch geworden gegenüber den großen Worten und hehren Zielen. Ich wollte kein Kommunist sein. Autoritäten gegenüber war ich fortan skeptisch. Mein Instinkt, wem zu trauen war und wem eher nicht, funktionierte auch im Westen. Noch viele Jahre später war mir bewußt, daß ich mich öffentlich anders äußerte als privat.

Zwischen der Gründung der Deutschen Demokratischen Republik 1949 und dem Mauerbau 1961 verließ jeder zehnte DDR-Bürger den Staat für immer in Richtung Westen.

Nach dem Mauerbau 1961 flüchteten bis zum Fall der Mauer 1989 noch rund vierzigtausend Menschen unter Gefahr für Gesundheit und Leben aus der DDR, vor allem junge Leute.

Annähernd tausend Flüchtlinge wurden zwischen 1945 und 1989 an den Grenzen zu West-Deutschland und West-Berlin getötet.

Hunderte erlitten schwere Verletzungen durch Schußwaffen oder Minen.

Zehntausende gescheiterte Flüchtlinge mußten mehrjährige Haftstrafen durchstehen.

Es ist jedes Menschen Mitverantwortung, wie er regiert wird ...
Es gibt eine Solidarität zwischen Menschen als Menschen,
welche einen jeden mitverantwortlich macht für alles Unrecht und
alle Ungerechtigkeiten in der Welt, insbesondere für Verbrechen,
die in seiner Gegenwart oder mit seinem Wissen geschehen.
Wenn ich nicht tue, was ich kann, um sie zu verhindern, so bin ich
mitschuldig.

Karl Jaspers,
»Die Schuldfrage« (1946)

MANFRED WAGNER

Wer dagegen ist, steht auf!

Ein Schlüsselerlebnis

Als sechzehnjähriger Schüler hatte ich 1950 in der Adolf-Diesterweg-Oberschule in Lobenstein (Thüringen) einen Aufsatz zu schreiben zum Thema »Stalin – der Bannerträger des Friedens und des Fortschritts in der Welt«. Darin schrieb ich den Satz: »Und an der Spitze der Sowjetunion steht er, Stalin.« – »... steht er, der weise Stalin«, korrigierte der Lehrer. Er war kein Scharfmacher, aber er glaubte wohl, dieses »erhöhende« Adjektiv einsetzen zu müssen. Ich hielt die Sache für albern, widersprach aber nicht.

Drei Jahre darauf, im Frühjahr 1953, kam es zu einer Mitläuferhandlung, die mich jahrzehntelang verfolgt hat. Es war das Schlüsselerlebnis für meine ablehnende und widerständige Haltung zur herrschenden Macht in der DDR.

In dieser Zeit verschärften die Kommunisten die Verfolgung junger Christen, vor allem an den Oberschulen. Die SED-Zeitungen, voran das *Neue Deutschland* und das FDJ-Zentralorgan *Junge Welt*, überboten sich wochenlang bei den Kampagnen gegen die Junge Gemeinde, die als eine von amerikanischen Agenten angeleitete Organisation bezeichnet wurde.

Es war die Zeit meiner Abiturprüfungen. In einer FDJ-Versammlung beobachteten eines Morgens uns unbekannte ältere Männer im Hintergrund des Klassenraums schweigend den Ablauf. Jürgen, ein »fortschrittlicher« Schüler aus der Parallelklasse, hielt eine für ihn vorbereitete Brandrede. Sie gipfelte in der Aussage, daß Schüler, die sich der Jungen Gemeinde zugehörig fühlten und dort ihre Freizeit verbrachten, nicht länger Mitglieder der FDJ sein könnten. Es wurde abgestimmt: »Wer dagegen ist, steht auf!«

Und keiner stand auf, keiner wagte aufzufallen, auch ich nicht. Obwohl zu diesem Zeitpunkt allen klar war, daß jemand, der aus der FDJ ausgeschlossen wird, auch umgehend die Schule verlassen muß. Wäre damals verlangt worden: Wer für den Ausschluß ist, hebe die Hand – das hätte ich wohl nicht getan.

Wenige Tage später mußten zwei Schüler aus der Parallelklasse gehen, Wolfgang und Gerhard, der Sohn eines Pfarrers, sowie weitere Schüler aus den 11. und 10. Klassen. Ich hatte den Eindruck, alle fühlten

sich unwohl, so gekuscht zu haben. Ich nahm mir vor, mich nie wieder so überrumpeln zu lassen. (Eine planmäßige Überrumplung war es, an anderen Oberschulen wurde ebenso verfahren.)

Als Student am mathematischen Institut der Friedrich-Schiller-Universität in Jena erlebte ich zunächst ein freieres Klima. Unter meinen Professoren gab es noch keine SED-Genossen, die Atmosphäre in der Fachschaft Mathematik/Physik unterschied sich wohltuend von der im wöchentlichen Pflichtfach »Gesellschaftswissenschaftliches Grundstudium« (Marxismus/Leninismus). Dennoch waren alle politischen Diskussionen unter den Studenten von Vorsicht, ja von Angst geprägt. Wer auf seiner Studentenbude ein Radio hatte, drehte beim Verlassen der Wohnung den Westsender weg. Das allgemeine »Nicht-auffallen-Wollen« bestimmte auch an der Universität den Alltag. Offene Debatten wurden nur in kleinen Kreisen geführt, unter Kommilitonen, die sich hinreichend »beschnuppert« hatten.

Das änderte sich im Sommer 1956. Wie an anderen Universitäten auch wurde in der »Tauwetterperiode« nach dem 20. Parteitag der Kommunistischen Partei der Sowjetunion (KPdSU) lebhaft und hoffnungsvoll debattiert. Selbst in den SED-Parteigruppen gab es plötzlich Widerstände. Wenig später schlugen die Sowjets den Volksaufstand in Ungarn brutal nieder. Als wir am Sonntag, dem 4. November '56, im Radio den Hilferuf des ungarischen Ministerpräsidenten Imre Nagy an die Völker der Welt hörten, meinten nicht wenige Studenten: »Wir können doch nicht tatenlos zuschauen!« Wir müßten doch etwas tun!

Am nächsten Tag organisierte ich mit einigen Kommilitonen einen vorsichtigen Protest gegen den Russischunterricht sowie eine »Resolution der Mathematiker«: Wir empfahlen unserem Dekan Lambrecht, daß der

*»Physiker-Ball« an der
Universität Jena 1956 –
Szene aus »Der Student
und die Gesellschaftswissen-
schaft« (am Mikrophon
Andreas Vehe)*

Besuch des »Gesellschaftswissenschaftlichen Grundstudiums« freiwillig
werde, und baten darum, »von jeder Art gesellschaftswissenschaftlicher
Prüfungen abzusehen. Eine große Zahl von Studenten sieht nämlich in
diesen Prüfungen eine indirekte Beeinträchtigung ihrer Gewissensfrei-
heit … Wir halten es für unser Recht und unsere Pflicht, auf bestehende
Mißstände hinzuweisen.« 122 Studenten hatten in der Abstimmung, die
ich leitete, zugestimmt, nur zwei wollten nicht.

Am 30. November fand in der Jenaer Uni-Mensa am Philosophen-
weg der Studentenball der Fachschaft Mathematik/Physik statt, etwa
eintausendfünfhundert Besucher kamen. Zu Beginn des »Physikerballs«
wurden auf der Bühne einige selbstverfaßte, kritische Szenen aufgeführt.
Unter anderem ließen wir einen abgerichteten Schäferhund auf Kom-
mando einen Wahlzettel in die Urne werfen. Es gab begeisterten Beifall.
In einer anderen Szene sagte Mephisto zum Philosophen: »Stets mußt du
dich auf jene stützen, die in den ersten Bänken sitzen./Diese Braven und
Bewußten … die synchron mit den Köpfen nicken …/Viele Prozente, in
der Tat, leben dem Fußball, dem Jazz und dem Skat./Der Rest vergöttert
andre Dinge, wie Briefmarken und Schmetterlinge.«

34

In den folgenden Tagen organisierte die SED-Parteiorganisation
der Universität einen Protest gegen
das Programm und forderte den
Rauswurf von Verantwortlichen des
Physikerballs. Jurastudenten und

Untersuchungshaftanstalt der Stasi in Gera. Die Vernehmer drohten: »Es gibt Zellen, in denen verlernt man in sieben Jahren das Reden.« Manfred Wagners Zelle lag in der obersten Etage, drittes Fenster von links, der Verhörraum im Anbau links, vierter Stock.

Studierende der »Arbeiter- und Bauernfakultät« unterstützten dies. Wir
sammelten einige hundert Unterschriften für die Bitte an den Rektor,
von Relegierungen Abstand zu nehmen. Und tatsächlich wurde zunächst
kein Student exmatrikuliert. Erst zwei Jahre nach dem Ungarn-Aufstand
landeten einige meiner Kommilitonen und ich in den Zuchthäusern des
Sozialismus. »Jetzt können wir uns das wieder leisten«, war die Antwort
meines Stasi-Vernehmers in Gera auf die Frage, warum wir denn erst
jetzt belangt würden.

Am späten Abend des 20. Februar 1958 stellten mich die beiden Stasi-
Männer, die mich tags zuvor in Jena festgenommen hatten, vor die Wahl:
Entweder ich arbeite mit ihnen zusammen und sammle unter meinen
Kommilitonen »Stimmungen und Meinungen«. Oder ich müsse mit
einer mehrjährigen Zuchthausstrafe rechnen. Mir kam ihr Angebot un-
wirklich und ungeheuerlich vor. Ich konnte nicht glauben, daß man mir,
ausgerechnet mir, solch eine Offerte machte!
Dann sagten sie noch: »Und glauben Sie nicht, Sie könnten ja sagen

und sich dann drücken ... Wir haben einen langen Arm!« Ich hatte eine
solche Abneigung gegen diese Leute, ich hätte nicht ja sagen können. Ich
dachte: Ich muß die Gefängniszeit eben durchstehen, andere haben das
auch durchgestanden. Daß das Angebot ernst gemeint war, merkte ich,
als ich spät in der Nacht in meine Zelle zurückgeführt wurde und der
diensthabende Wachtmeister sagte: »Da sind Sie ja wieder, da brauchen
Sie ja eine Zahnbürste!« Am anderen Tag meinte der Vernehmer: »Ihnen
scheint's ja bei uns zu gefallen!« Nach acht Monaten Einzelhaft in derselben Zelle wurde ich zu drei Jahren und sechs Monaten Zuchthaus
verurteilt. Auch weil ich mich an Vorbereitungen für eine Flugblatt-
aktion beteiligt hatte.

Mein Freund Peter Herrmann hatte mit anderen widerständigen
jungen Leuten des »Eisenberger Kreises« 1957 zum ersten Jahrestag des
niedergeschlagenen Ungarn-Aufstandes ein Flugblatt vorbereitet. Es war
ein Aufruf an die Lehrer der Universitäten zum Widerstand, verbunden
mit der mahnenden Erinnerung an die Geschwister Scholl: »Der Widerstand des einzelnen ist sinnlos, wenn er nicht von einer Gemeinschaft,
mag sie noch so klein sein, getragen wird. ... Unsere Tat muß einsetzen,
wo wir der Tyrannei in ihrer tiefgreifendsten Auswirkung begegnen. ...
Wir rufen alle, die nicht nur dieses totalitäre System ablehnen, sondern
auch erfüllt sind vom Glauben an ewige und unveräußerliche Werte im
Dasein des Menschen und des Staates, wie Freiheit und Menschlichkeit,
Gerechtigkeit und Wahrheit!« (Am Text hatte ich nicht mitgewirkt, jedoch dem Wortlaut zugestimmt.)

Stasi-Fotodokumentation vom DDR-Besuch des Münchners Peter Herrmann, Studienkollege und Haftkamerad Manfred Wagners:
Foto 1:
»31. 3. 86, 17.03 Uhr, Jena, Zentraler Platz: ›Literatur‹ und der Wagner, Manfred nach der Begrüßung auf dem Weg zum Pkw«
Foto 2
»17.10 Uhr, Parkplatz ›Platz der Kosmonauten‹: ›Literatur‹ und der Wagner beim Einsteigen in den Pkw«
Foto 3
»17.20 Uhr, ›Literatur‹ und der Wagner in der Emma-Heintze-Straße, weiter in Richtung Wildenbruchstraße gehend«

Nach meiner Entlassung aus dem Zuchthaus wurde mir nie wieder ein unsittliches Angebot gemacht: Nie wollte mich jemand für die Sozialistische Einheitspartei Deutschlands oder eine »Blockpartei« werben und auch nicht für die »Kampfgruppen der Arbeiterklasse« (die Bürgerkriegstruppe der SED). Mich umgab offenbar schützend der Stallgeruch des Unverbesserlichen.

Ich blieb in der DDR. Ich dachte, was soll denn werden, wenn alle weggehen, von denen andere Gedanken, Meinungen, Handlungen ausgehen können? Man kann doch das Land nicht widerstandslos den Kommunisten überlassen!

1992, bei unserem zweiten Abituriententreffen nach dem Zusammenbruch der kommunistischen Herrschaft in Mittel und Osteuropa, erinnerte ich an die FDJ-Versammlung im April 1953. Ich bekannte, daß mein persönliches Versagen zeitlebens mein Gewissen belastet hat: Nicht wenigstens einen Versuch unternommen zu haben, gegen den Willkürakt anzugehen! Ich bat Wolfgang und Gerhard, die damals von der Schule geflogen waren, um Entschuldigung und Nachsicht, auch im Namen meiner Mitschüler (ich war in der Oberschule Klassensprecher gewesen). Und was sagten meine Klassenkameraden zu dem Ereignis vor 39 Jahren? Niemand erinnerte sich.

Manfred Wagner war einer von rund einer viertel Million politischer Häftlinge in der DDR.

»Hochbunker«, Aquatinta-Radierung
von Manfred Butzmann, 1981

FRITZ J. RADDATZ

Krummer Mut.

Mein Versagen als Bürger der DDR

Kürzlich schickte mir ein Freund aus Berlin eine Ansichtskarte; sie zeigt ein Gemäuer mit der Unterschrift »Bunker. Aus der Folge ›Facade‹«. Es sollte wohl eines jener »ulkigen« Plaste-und-Elaste-Erinnerungsstücke sein, mittels deren man sich – ob Trabi oder Spreewälder Gurken – die DDR gern zu kommoder Lächerlichkeit zurechtfeixt. Jedoch: Dieser graue Betonbunker war alles andere als komisch. Er war – die Fenster schräge mit Brettern vernagelt, ein Luftloch nach oben – in den fünfziger Jahren ein Stasigefängnis; da saßen in grässlichen Zellen unter anderem politische Häftlinge.

Das war zwar viele Jahre vor dem Mauerbau. Doch was da an dem »antifaschistischen Schutzwall« geschah, mit dem die Bonzen ihr Volk einmauerten, das ihr Paradies floh, entsprach derselben Brutalität: Sie waren entschlossen, auf Menschen, auch auf Frauen und Kinder zu schießen, die gegen ihr System mit den Füßen abstimmten.

Doch in diesen frühen Jahren – 1950 bis 1958 – lebte ich in Ost-Berlin. Wir alle gingen, abendlich gekleidet, an diesem Bunker vorbei zu den berühmten Brecht-Premieren des Berliner Ensembles, das damals im Deutschen Theater in der Schumannstraße gastierte. Alle Stephan Hermlins, Hans Mayers, Herbert Iherings flanierten in festlicher Stimmung zur *Mutter Courage* oder zum *Kreidekreis* an dem finsteren Elends-Klotz vorbei, bereit zu Kunstgenuss und Applaus.

Wir? Ich. Hier soll nicht die Rede sein von anderen, sondern von mir. Was geschah da in einem, der sein Wissen – also doch wohl: Gewissen – abgab wie den Mantel an der Theatergarderobe? Ich berichte so gerne und gar nicht unstolz davon, dass ich 1950 aus freien Stücken von West-Berlin (wo ich 1949 Abitur gemacht hatte) nach Ost-Berlin umzog, nach despektierlichen Auftritten mit roter Nelke im Knopfloch am Askanischen Gymnasium in Berlin-Tempelhof und frechen Reden im RIAS-Schülerparlament. Ich attestiere mir das Motiv ›Widerwille gegen Adenauer-Deutschland‹, und es ist ja wahr, dass diese deutsche Hälfte durchsetzt war von Exnazis und geprägt von restaurativer Kulturdumpfheit. Doch das ist ein anderes Thema.

Ich war jung, noch nicht zwanzig – doch Jugend allein ist keine

»Achtung! Zonengrenze – Sie verlassen den
amerikanischen Sektor – Vorsicht! Festnahme-
gefahr« – Grenze bei Rudow, West-Berlin

Qualität an sich, und man bleibt
auch nicht immer zwanzig. Bald
war ich nicht nur älter, Student der
Humboldt-Universität und schon Lektor im zweitgrößten belletristi-
schen Verlag der DDR, Volk und Welt, sehr bald war ich sogar dessen
stellvertretender Cheflektor. Also durchaus Teil des Apparats, durchaus
mit Privilegien – eigene Wohnung, Mitglied des Kulturbund-Clubs wie
des Presse-Clubs, wo die Nomenklatura markenfrei recht gut aß.

Und ich wusste. Keineswegs kann ich mich in die angenehme Mär
einspinnen, ich hätte immer nur Herder oder Aragon gelesen, Oistrach
gehört und den Pergamonaltar besichtigt. Im Gegensatz nämlich zu meinen späteren Kollegen bei Rowohlt oder in der ZEIT-Redaktion habe ich
damals schon Arthur Koestlers *Sonnenfinsternis* gelesen, André Gides
Zurück aus Sowjetrußland oder Essays von Ignazio Silone. Man konnte
damals ungehindert nach West-Berlin fahren, Bücher und Zeitschriften
kaufen oder leihen, Filme und Theaterstücke sehen. Was ich alles reichlich und häufig tat. Aber in meinem Kopf muss eine Art Filter gewesen
sein: Ich nahm das alles wahr, wohl auch für wahr, aber ich ließ es nicht
in mich ein. Der *Monat*, der fraglos wichtige Texte publizierte, war, wenn
nicht »der Feind«, dann doch »ungültig«; es galten *Les Lettres Françaises*,
die von Louis Aragon glänzend inszenierte kommunistische Kulturzeit-
schrift.

Wie funktionierte das? Hatte jener Filter einen kleinen Schalter, mit dem man einfallendes Licht ausknipste? Die Wahrheit ist kruder. Ich log mir etwas vor. Im Sinne von Margret Boveris *Wir lügen alle* – auf eine andere Diktatur bezogen – lebte und arbeitete ich als »anständiger Lügner«. Im hochgemuten Selbstbewusstsein, nicht Mitglied der SED zu sein – ein veritabler »Sonderfall« für die vergleichsweise hohe Position –, tat ich genau das, was ich Jahre später (und bis heute) den großen Furtwänglers und Gründgens wie den kleinen Mitarbeitern am »Reich« vorgehalten habe: Ich schmuggelte Bücher ins schließlich weitgehend von mir bestimmte Verlagsprogramm und stibitzte mir diesen Lorbeer.

Auch das, allerdings, ist wahr: Es bedurfte einiger Mogelkünste, jene Autoren durchzusetzen, mit denen sich später viele westdeutsche Verlage schmückten – Eluard und Majakowski, Tibor Déry und Bulgakow, García Márquez und Amado und Reiner Kunze; von den schwer zu ergatternden (und noch schwerer bei der Politbürokratie durchzusetzenden) »West-Lizenzen« ganz zu schweigen – William Faulkner und Mouloud Feraoun so gut wie Kurt Tucholsky (die Dokumente der Schlacht um diese Edition füllen mehrere Leitz-Ordner). Ja, das war ehrbar wie riskant.

Das »Zeugnis«, das mir die mich beobachtende Stasi ausstellte, kann sich sehen lassen. Da wird mir attestiert, dass ich ein »netter, ernster und höflicher Mensch« sei, der keine Frauenbekanntschaften habe, nicht trinke und nicht rauche (was alles drei nicht stimmte); vor allem aber, dass ich aufgrund meines »Intellekts, Auftretens und Arbeitseifers stets das Vorbild der jungen Lektoren« gewesen sei und meine Prinzipien »einer demokratisch-bürgerlich orientierten, künstlerisch hochstehenden Literatur« immer verfolgt habe. Nun ja. Vermerkt wird auch, dass ich es abgelehnt habe, Mitglied der »Gesellschaft für deutsch-sowjetische Freundschaft« zu werden. Und hier wird es prekär. Denn das war eine der »gesellschaftlichen Grundorganisationen«, in denen Mitglied zu sein so allgemein selbstverständlich war, wie es das Amen in der Kirche ist. Das zu verweigern war freches Sakrileg und mein recht keckes »Ich liebe keine Einbahnstraßen, ich gehe da erst rein, wenn es umgekehrt auch eine ›Gesellschaft für sowjetisch-deutsche Freundschaft‹ gibt« nicht einmal ganz ungefährlich. Diese Weigerung habe ich als »Mut« deklariert. Doch schaukelt der selbst verliehene Mut-Orden nicht doch recht schiefschultrig? Was wäre denn schon die ärgste Konsequenz gewesen? Doch nicht das Lager in Workuta.

Die Sache erinnert fatal an eine gespenstische Anekdote, die der Emigrant Alfred Kantorowicz mit gutem Grund oft erzählte, zurückgekehrt aus den USA in die DDR, die er 1956 wieder verließ: Pogrom in Galizien; ein Dorf wird gebrandschatzt; der Rabbiner wird in einen Kreidekreis gestellt; es wird ihm bei Androhung der Todesstrafe verboten, den zu verlassen; Frau und Tochter werden vor seinen Augen vergewaltigt; später findet man ihn lächelnd im Kreidekreis stehen: »Aber Rebbe, sie haben das Dorf abgebrannt, 38 Leute ermordet, deine Frau, deine Tochter vergewaltigt – was stehst du da und lächelst?« – »Ja, und sie haben mich mit dem Tode bedroht, wenn ich aus dem Kreidekreis herausträte; aber sie haben nicht gemerkt, dass ich meine Fußspitze über den Rand geschoben habe.«

Die Fußspitze also. Sie hieß bei mir: ein Buch mehr, eine leicht waghalsige (bald verbotene) Kolumne in der *Berliner Zeitung*. Das verbrannte Dorf aber hieß Bautzen oder Workuta. Dorthin, nach Sibirien, hatte man den nicht linientreuen Leo Bauer, Intendant des Ostberliner Deutschlandsenders, verbracht. Ich hatte ihn gut gekannt, mit ihm gegessen, diskutiert. Nun war er »weg« – und gefragt habe ich nicht. Auch nicht, als Joachim Schwelien, der befreundete Chefredakteur des Nachrichtenbüros ADN, abgesetzt wurde. Auch nicht, als der junge Lyriker Horst Bienek verhaftet wurde, er verschwand ebenfalls für lange Jahre in Workuta. Verhaftet wurde er, Assistent am Berliner Ensemble, übrigens in der Theaterkantine; sein Chef, Bertolt Brecht, protestierte mit keiner Silbe, und die Mutter Courage Helene Weigel blieb stumm.

Aber ich will gar nicht nach dem verknarzten Wurzelwerk der Altvorderen fragen, nicht nach der somnambulen Trinkerin Anna Seghers, dem blinden, geduckten Arnold Zweig, dem seine eigenen frühen Gedichte verbietenden Johannes R. Becher. Ich habe das getan in langen Interviews mit Stefan Heym oder Jorge Amado oder Jorge Semprún: wieso sie schweigend mitgemacht haben, uns Jüngeren nie Zeugnis gaben etwa von den Stalinprozessen 1935.

Ich will MICH befragen. Kein »Ich wusste davon nichts« ist vorzutragen, mit dem Millionen Deutsche sich exkulpierten nach 1945. ICH wusste – von abgesetzten Stücken, von zurückgezogenen Filmen, von verbotenen Büchern (oft genug »meine« des Verlags Volk und Welt). Dabei ich die Fußspitze über den Kreiderand streckte, mich freute über ein subversives Gedicht in einer Anthologie, ein Böll-Buch im Verlagsprogramm, über eigene kleine Unverschämtheiten auch. So beschied ich den mich oft bedrängenden SED-Parteisekretär – er war Vertriebsleiter

und kam ebenso oft drucksend um »mehr West-Lizenzen« bittend, weil diese Bücher sich verkauften –, den beschied ich also mit einem »Sie reden immer von ›der Partei‹, in die ich eintreten soll – welche meinen Sie eigentlich? Es gibt mehrere Parteien in der DDR.« Kümmerliches Aufmüpfen.

Ich wusste aber noch ganz anderes. Vermutlich war ich einer von sechs bis acht Menschen in der DDR, die ganz genaue Kenntnis hatten vom Würge-Elend der Eingekerkerten, der Not, dem Hunger, den Epidemien und dem Tod der politischen Gefangenen des Regimes. Mein Vormund und Pflegevater, der evangelische Pastor Hans-Joachim Mund, SED-Mitglied, ehemaliger ZK-Mitarbeiter (solche bizarren Biografien hielt das Nachkriegsdeutschland im Angebot), war auf der Basis eines heimlichen Konkordats – es hieß nicht so, war wohl nur ein stillschweigendes Abkommen zwischen der evangelischen Kirchenleitung des Propsts Grüber und dem Polit-Büro – zum Anstaltspfarrer sämtlicher politischen Haftanstalten der DDR berufen worden; von Bautzen bis Brandenburg, in meiner Erinnerung waren es fünfzehn. Er als Einziger hatte »freien Zutritt«, durfte Gottesdienste abhalten, die Beichte abnehmen und – das Entscheidende – hatte das verbriefte Recht zu Einzelgesprächen mit Häftlingen in seinem Pastorenraum. Dass ich auf diese Weise später, nach dessen Freilassung, seinen damaligen Chorleiter Walter Kempowski in meinen Rowohlt-Jahren kennenlernte, ihn als Autor

»entdeckte« und förderte, ist inzwischen Literaturgeschichte und gehört im Detail nicht hierher.

Was aber sehr wohl hierher gehört: Das Grauen dieser Lager (seinerzeit soeben von den sowjetischen Militärs übernommen) war mir mehr als präsent. Oft genug habe ich den Pastor Mund auf diesen entsetzlichen »Dienstreisen« begleitet, im Hotel auf das schließlich bleich hereinwankende, zitternde Gespenst gewartet, ihn nachts schweißnass schreien hören und um sich schlagen sehen, denn mein Pflegevater und ich – es ist inzwischen kein Geheimnis mehr – waren einander ja mehr als Vormund und Mündel. Seine Ausbrüche über Hinrichtungen, Eiskellerfolter, Tuberkuloseepidemien (er hat sich dort schließlich angesteckt), die er miterlebte – wahrlich, das hatte eine andere Dimension als der unterdrückte Band IV meiner Tucholsky-Ausgabe.

Wie gerne möchte ich mogeln. Mich zu einem kleinen Helden stilisieren, der Kassiber schmuggelte und von den Quäkern Medikamente aus West-Berlin holte (sie waren die Einzigen, die mit Geldmitteln halfen) oder Orangen und Bananen. Mit denen setzte sich der Herr SED-Pfarrer (er hatte der Dienlichkeit wegen auch einen hohen Volkspolizeirang) dann in die »Empfangszelle«, schälte sie – und reichte sie einem der Verdammten. Für mich, der ja wie alle DDR-Bürger vor dem Mauerbau ungehindert nach West-Berlin mit der S-Bahn fahren konnte, war das wenig gefährlich, es brauchte etwas Schläue, rechtzeitig umzusteigen, wenn Volkspolizei den aus Neukölln einfahrenden Zug und die Taschen der Hausfrauen kontrollierte. Vielleicht war gar etwas Lust am Indianerspiel mit dabei, etwa, als ich Kempowskis Mutter in Hamburg einen aus Bautzen herausgeschmuggelten Brief ihres Sohnes überbrachte; sie hielt mich übrigens für einen Agenten und ließ mich nicht durch die Tür.

Mogelei bleibt es. Hätte ich nicht aufschreien müssen? Hätte ich nicht zum »Feind« RIAS, zu den Kollegen vom *Monat*, zum bösen *Tagesspiegel* gehen müssen? War es nicht – immer stiekum – die berühmte Tafel Schokolade, die Emma Schulze 1935 dem Nachbarskind Sarah Goldstein aus dem 3. Stock zusteckte, als die ›eigentlich ganz nette Familie verreisen‹ musste? Wäre nicht, als man vom Klappentext »meiner« Majakowski-Ausgabe dessen Selbstmord eliminierte, die passende Gelegenheit gewesen, lautstark auf einer Verlagskonferenz von anderen Toden zu künden? Was war das doch für ein krummer Mut, als ich im Seminar 1953 bei einer Gedenkminute – »Wir erheben uns alle in Trauer um den Tod des großen Führers der Sowjetunion Josef Stalin« – ostentativ sitzen blieb? Oder als ich mich während einer Ungarnreise 1954 –

»und jetzt besichtigen wir das große Stalin-Denkmal« – weigerte, den Bus zu verlassen mit den Worten:»Ich will den Massenmörder nicht sehen«? Das ist doch alles Marianne-Hoppe-Hoppelei, die nie mitgesungen haben will beim Horst-Wessel-Lied:»Wir dachten nur an die Kunst.«

In Parenthese: bitte keinen abermaligen Aufguss der Historikerdebatte; ich kenne den Unterschied beider Diktaturen. Wobei allerdings jene Debatte an einem semantischen Missverständnis krankte: Vergleichen bedeutet nicht gleichsetzen. Man kann sehr wohl die berüchtigten Äpfel mit Birnen vergleichen, sogar das Finnische mit Kisuaheli – eben um herauszufinden, dass sie sich unterscheiden. Ich dachte keineswegs »nur an die Kunst« – wiewohl ich ein besessener Verlagsmensch war, dem der kleinste Gedichtband so viel Entzücken und Befriedigung brachte wie die vielbändige Ausgabe von Roger Martin du Gards *roman-fleuve Die Thibaults*.

Zugegeben, die Mund-Situation war ein Extrem. Er zumindest wäre ja »aufgeflogen«, hätte ich in RIAS-Mikrofone geplärrt (Mund konnte sich Jahre später nur wenige Minuten vor seiner Verhaftung durch Flucht in den Westen retten). Das Extrem allerdings quälte mich hinreichend; man darf es getrost Gewissensnot nennen. Weil ich in dieser Not nicht mehr ein noch aus wusste, besuchte ich Margret Boveri in ihrem Haus in Dahlem, Rat suchend. In meinem Fall indes verhielt sich diese hochintelligente Frau stupend töricht. Sie ermunterte mich, zur Stasi zu gehen und dort meine Dienste anzubieten, denn »man kann den Apparat nur von innen verändern«. Man stelle sich vor, ich wäre diesem leichtfertigen Rat gefolgt! Ein Leben lang ein Gebrandmarkter wäre ich gewesen.

Doch an welcher Grenzlinie schlingerte ich entlang? Jene später von mir Interviewten – auch der jugoslawische Kunstschriftsteller Oto Bihalji-Merin – hatten sich unter meinen bohrenden Fragen immer hinter eine Festungsmauer zurückgezogen, die schlecht zu zernieren war:»der Glaube«; sie hatten an den Kommunismus, an die Sowjetunion, an Stalin »geglaubt« – Irrationalismus der Ratio. Ich aber hatte gar nie diesen rettenden Glauben, war auch nicht Kommunist; ehestens ein Literat, der das Soziologische durchaus einbezog in die Kunstbemessung. Marxist? Selbst das wäre wohl eine zu volltönende Bezeichnung, dazu hatte ich zu wenig Marx (oder Trotzki oder Rosa Luxemburg) gelesen mit 22 oder 25 Jahren. Was also war ich?

Es bietet sich ein Erklärungsmodell an, das ich von dem großartigen

Interpreten Rüdiger Safranski entleihe. Der hat zum 60. Geburtstag von Peter Sloterdijk den Kern von dessen Gedanken von der Conditio humana freigelegt, derzufolge der Mensch – vom Mutterleibe an – ein Wesen ist, das von innen kommt, folglich unvermeidlich seine späteren Lebensräume zu Innenräumen ausgestaltet. Deswegen bedeutet Erwachsenwerden »Sphären zu bilden in erweiterten Kreisen, in Familien, Bünden, Beziehungen, Betrieben, Subkulturen, Nationen«. Das könnte durchaus zutreffen für jemanden – mich –, der den Horror der letzten Kriegsjahre unbehütet, mit 13, 14 Jahren, erlebt hat, der mit 15 ohne Eltern oder Verwandte in das Chaos der ersten Nachkriegsjahre gestürzt wurde – also zwangsläufig versucht war, »Lebensräume zu Innenräumen auszugestalten«.

Allein, diese Leiter in hohe Sphären ist zu glitschig, die Wahrheit glitte durch die Sprossen. Es war gewiss viel banaler. Ich war gewiss vor allem ungestüm. Es mag schon damals jenes Ungestüm gewesen sein, ohne Rücksicht auf Tabus, das Jahrzehnte später der *ZEIT*-Verleger Bucerius anfangs an mir bewunderte und ihn dann zornig abstieß. »Wie ein wildes Tier betrat Raddatz den Journalisten-Zoo«, erinnert sich seine Lebensgefährtin Hilde von Lang an meinen Eintritt 1977 in die *ZEIT*-Redaktion.

Das lag noch lange vor mir. »Wild« aber muss ich auch in den DDR-Jahren gewesen sein, kaum zu zähmen und leichtsinnig ohnehin. Anders ist das sehr heikle Unternehmen »Donnerstagskreis« nicht zu erklären. Wobei der Bericht durchaus nicht als Rapunzel-Zopf irgendeines Exkulpierens dienen soll. Doch ist die Angelegenheit einerseits typisch für meine Handlungsweise, andererseits inzwischen vielfach erörterter Bestandteil der DDR-Literaturgeschichtsschreibung – erst jüngst hat Erich Loest dem Vorgang in seinem Buch *Prozesskosten* ein ganzes Kapitel gewidmet –, sodass sie referiert werden muss.

1956 rief ich einen Kreis von 30 bis 40 (die Teilnehmerzahl variierte) Schriftstellern, Künstlern und Intellektuellen zusammen, um die mehr und mehr strangulierenden Zensurmaßnahmen der SED-Bürokratie zu sprengen; das fahrlässig hochgesteckte Ziel war unter anderem eine »freie« Kulturwochenzeitung, keiner Zensur und keinem Veto unterworfen. Es versammelten sich – daher der Name – auf meine Einladung hin jeden Donnerstag im Clubhaus des Kulturbundes renommierte Autoren wie Erich Arendt, Heiner Müller, Manfred Bieler, der Bildhauer Gustav Seitz, Lektoren, Redakteure; einige – wie Stephan Hermlin oder Alfred Kantorowicz – blieben sympathisierend fern. Wolfgang Harich stieß dazu.

46

Unsere Debatten entzündeten sich nicht zuletzt an der Aufbruchstimmung in Polen, dann in Ungarn (wo sie alsbald unter den Panzerket-

»Mutter Courage blieb stumm.« – Die Schauspielerin Helene Weigel auf der Demonstration zum 1. Mai in Ost-Berlin, um 1960

ten der Roten Armee zermalmt wurde. Georg Lukács, gemeinsam mit Volk-und-Welt-Autor Tibor Déry Begründer des Petöfi-Kreises, sagte nach seiner Verhaftung und Verbringung in ein unbekanntes Schlossverlies an einem unbekannten Meer: »Kafka war doch ein Realist«). In

47

einem Anfall von hochstaplerischer Fahrlässigkeit nannte ich unsere Diskussionsrunde gelegentlich den »deutschen Petöfi-Club«. Die Einzelheiten führten hier zu weit. Die Doppelheit aber ist interessant. Ich hatte nämlich das Ganze sowohl dem DDR-Kulturminister Johannes R. Becher »vorgetragen« als auch bei der Kulturabteilung des ZK angemeldet (prompt nahm eine mitschreibende ZK-Schranze auch teil). Revolte mit Genehmigung der Kerkermeister. Der Kreidekreis …

Dann das – ich lasse hier beiseite, dass diese offiziösen Vermeldungen wohl die Kurzfristigkeit meiner Inhaftierung mitbewirkten – bedeutete: Wir wollten, was man im Witz einen »hölzernen Eisenring« nennt. Wir wollten, ICH wollte, keineswegs die DDR abschaffen, sondern wir meinten, das innere Gesetz, dem sie ihre Existenz verdankte – Zwang jeglicher Art –, abschaffen, die Existenz aber bewahren zu können. Wir wollten ein bisschen schwanger sein. Schwanger mit hochfliegenden Ideen, mit Plänen zu freiheitlichem Gebaren auf kleinem Gebiet, ohne das darüber errichtete Gebäude der Unfreiheit ins Wanken zu bringen. Was im Übrigen zeigt, wie wenig »Marxist« wir alle waren – als könne man den Überbau verändern, ohne die Basis anzutasten. Der einzige wirklich geschulte Marxist, Wolfgang Harich, der bei gelegentlicher Teilnahme auch am grundsätzlichsten diskutierte, stellte diese Basis infrage – und durfte das mit acht Jahren Zuchthaus bezahlen.

Lily Becher schickte seiner Frau Blumen, Anna Seghers saß im Prozess stumm neben der stummen Helene Weigel. Czesław Miłosz hat für diese Moralbetäubungsdroge in seinem Buch *Verführtes Denken* den Namen »Murti-Bing« erfunden. Es ist jene Anästhesiepille, die Wissen auslöscht und Gewissen taub macht. »Ich wollte nicht wissen«, hat Stephan Hermlin zugegeben, der eines Tages zu mir sagte: »Dies ist nicht mehr meine Partei – aber wenn Sie irgendjemandem das weitererzählen, werde ich schwören, das nie gesagt zu haben.« Stephan Hermlin, Anna Seghers: gut gut. Oder schlecht schlecht. Und ich?

Es gibt ja letzthin so viele Reinwaschungen; auch bei dem von mir sehr geschätzten und respektierten Joachim Fest, der auf etwas lächerliche Weise einen Lehrerhaushalt zum Großbürgertum stilisiert; dagegen bin ich offenbar in Sanssouci geboren. Allein: Diesen Schwamm mag ich nicht benutzen. Ich möchte schon eine Sonde anlegen.

Das Schwierige daran ist: Eine Sonde pflegt gerade zu sein. Die meine aber ist geschwungen, schwingt gleichsam hin und her in einem verdächtigen Einerseits-andererseits. Ohne jede Frage war ich ein Rädchen, das den Betrieb eines Unrechtsstaates mit »in Schwung« hielt oder – um im

Sprachbild der Kultur zu bleiben – die Kulissenapparatur. Denn so hübsch es war, den Kulturbonzen die Genehmigung abzuringen, die Ausgabe von Pablo Nerudas *Der große Gesang* mit Holzschnitten des chilenischen »Formalisten« José Venturelli zu illustrieren, eine klammheimliche Lügerei: »Aber er ist doch Kommunist.« Schäbig ist derlei Kulissenschieberei in Anbetracht der Pastorensöhne, die nicht studieren durften, der Liebenden, die zur gegenseitigen Denunziation gezwungen wurden, der zurückgekehrten Juden, die abermals in panische Angst versetzt wurden durch Moskauer Prozesse gegen eine »jüdische Ärzteverschwörung« oder des antisemitischen Slansky-Prozesses in Prag.

Hier schleift die Sonde. Ich war sofort nach meinem Wechsel von West- nach Ost-Berlin 1950 – Stephan Hermlin hatte ich sogar noch in West-Berlin kennengelernt, wo er Gedichte des mir unbekannten Paul Eluard las – in einen Kreis von Remigranten »aufgenommen« worden. Mal wurden es enge Freunde wie der aus Kolumbien zurückgekehrte Erich Arendt, mal gute Bekannte wie der aus New York über West-Berlin in die DDR eingereiste Alfred Kantorowicz, dann auch enge Arbeitskollegen wie der Volk-und-Welt-Verlagsleiter Walter Czollek, der »Spittelmarktjude«, wie er sich nannte, der den Nazis ins letzte Schlupfloch Schanghai entkommen konnte.

Ich nenne Pars pro toto diese drei Namen, nicht Hanns Eisler oder Ernst Bloch oder Hans Mayer, die ich sehr wohl bald gut kannte; Mayers erste Widmung für mich in einem Buch trägt das Datum 1949. Ich nenne diese drei Namen, weil sich an dem Schicksal der drei Männer verdeutlichen lässt, wie »meine Sonde« adjustiert wurde. Denn noch kannte ich ja nicht die schrecklich zeugenden Warnungen anderer prominenter Emigranten, kannte weder Alfred Döblins Satz an Arnold Zweig »Sie reden dort nicht mehr von der Schande der vergangenen Jahre, sie fühlen sie nicht mehr«, noch seinen Brief des Jahres 1953 an den Bundespräsidenten Heuss, als er zum zweiten Mal Deutschland – W E S Tdeutschland eben – verließ und in dem er beklagt, dass man seinem Werk keine Heimat bietet – »ich kenne den politischen Wind, der da weht«.

Ich war ein 16-jähriger Schüler, als ein Peter Weiss nach seinem Deutschlandbesuch 1947 konstatierte, wie grauenhaft unbelehrt die Menschen geblieben seien, dass er nur »kleinliches und klügliches Wegschieben der Schuld« gefunden habe. Das konnte ich nicht gelesen haben, so wenig wie den konsternierten Aufsatz von Klaus Mann, in dem, ebenfalls 1947, der Sohn des Nobelpreisträgers bilanziert: »Deutsche Schriftsteller mögen ihre emigrierten Kollegen nicht – eine Feindseligkeit, die immer offener und aggressiver wird … Gewisse deutsche Publikationen gehen bereits so weit, antinazistische Exilierte in deutschen, von den Alliierten betriebenen Zeitungen zu attackieren.« Ich teilte gleichsam seine Rigorosität, ohne sie verbatim zu kennen. Hätte ich solche Äußerungen gekannt – sie hätten meinen Entschluss zum Wechsel von West nach Ost nur bestärkt. Dass ich richtig »gewechselt« hatte, bewiesen mir die – bis heute eindrücklichen – drei Lebensläufe.

Erich Arendt, hierzulande zu Unrecht kaum beachteter Lyriker von Graden, war nach Kolumbien emigriert – in ein fremdes, wildes Land, dessen Sprache er nicht beherrschte, ohne Beruf, ohne Arbeit. Seine jüdische Frau Katja, Tochter eines Berliner Schokoladenfabrikanten, hatte als Kind in der Werksküche zugeschaut; nun fabrizierte sie in einer glühend heißen Wellblechhütte Konfekt, und der Dichter zog mit einem Pappkoffer voller *handtipped candies* zu den Dienstboteneingängen der ausländischen Botschaften, um dort seine glücklicherweise begehrte Ware loszuschlagen.

Alfred Kantorowicz, vor seiner Emigration in die USA (als eine Art Nachfolger Tucholskys) Paris-Korrespondent der *Vossischen Zeitung*, durfte in einem luftleeren Abhörraum des New Yorker Senders CBS täglich 10 Stunden die Hetztiraden jener Nazigrößen abhören (und transkribieren), vor denen er mit knapper Not sein Leben gerettet hatte.

Walter Czollek musste sich in einem Schanghai durchschlagen, das man nicht mit der heutigen modernen Metropole verwechseln darf, ein kümmerliches Leben in der Fremde. Er hatte eine fingerdicke Narbe, die sich vom linken oberen Brustkorb bis zur rechten Hüfte hinzog – so hatte den Berliner Juden im Columbia-Haus am Potsdamer Platz die Gestapo »verhört«.

Stand mir das Recht zu, solchen Menschen Feigheit vorzuwerfen? Gebührte ihnen und ihrem Geschick nicht Respekt? Auch wenn ihr Gehorsam – genannt Parteidisziplin – mich mehr und mehr zu zwacken begann: Ich hing an ihnen. Zugleich trieben sie in immer dichter werdendem Nebel davon, entfernte Nähe. Wie an einem vereisten Laternenpfahl, berührt man ihn, Hautfetzen kleben bleiben – so blieben Fasern meiner Existenz bei diesen (und vielen anderen) Menschen, als ich mich losriss, 1958, und die DDR verließ.

Man kann in einem Boden verankert sein, dessen Schlamm man zugleich verachtet. Derlei wird gelegentlich von morsch und klebrig gewordenen alten Ehen gesagt. Ein desaströses Beispiel dafür wäre der intelligente Chefdramaturg des Berliner Ensembles, Joachim Tenschert, nicht Parteizwerg noch Dumpfbacke. Ich kannte ihn gut, wusste von seinem Widerstreben, davon er in verwunderter Offenheit sprach, wenn er mich – da lebte ich bereits in Hamburg – gelegentlich besuchte. Doch er nahm sich 1989 das Leben; das schien ihm nicht mehr vorstellbar, nicht mehr Wert in einer so gänzlich anders strukturierten Gesellschaft.

So war meine Trennung tatsächlich, so unlogisch kann Leben sein, Schmerz; obwohl ich doch eingesehen hatte, dass ich so und dort nicht mehr leben, nicht mehr arbeiten mochte – nicht mehr Feigenblatt sein wollte für eine zunehmend fletschende Diktatur. Denn ohne Umschweife: Das Feigenblatt war ich acht Jahre hindurch gewesen, kein »Ich nicht« darf mir da über die Lippen kommen und kein »Ich war so jung und glaubte ...«. Zum einen ist man mit Mitte zwanzig nicht mehr »so jung«, zum anderen war ich nicht gläubig gewesen, vielmehr den steten Zweifel immer erneut niederringend. Ich war kein Anderer.

Da ist ein Begriff gefallen, der Klärung vielleicht dienlich: Arbeit. Bis ins nun hohe Alter habe ich mir – als Lektion der DDR-Jahre – bewahrt die so ganz andere Auffassung von Arbeit, als sie gemeinhin im Westen gültig ist. Arbeit hatte »dort« eine andere Bedeutung, Job war unbekannt. Das ist ein Verdeutlichungsmuster. Es darf indes kein Blümchenmuster auf freundlich bepinselten Soufitten sein, die vor den Missbrauch mit Namen Arbeitslager gezogen werden, auch Gulag genannt. Ich wurde nicht missbraucht. Ich habe mich selber missbraucht.

Der Text erschien zuerst in: *Die Zeit*, 16. August 2007.

Muß ich auf Menschen schießen?

Eine einsame Entscheidung

Wie viele junge Menschen hatte ich den Wunsch, die Welt zu bereisen und mehr zu erleben, als die DDR mit ihrem kleinen Horizont in den fünfziger Jahren bot. Verstärkt wurde dieser Wunsch durch unseren »Messeonkel«. »Messeonkel und Messetanten« waren Gäste der Leipziger Messe, die damals mangels Hotelbetten in fast jedem Haushalt willkommen waren. Brachten sie doch den Duft der weiten Welt und manchmal auch ein paar Mark Westgeld.

»... die einzige Möglichkeit, diesen abgeriegelten Staat legal zu verlassen.« – Präsentation auf der Leipziger Frühjahrsmesse 1960

Unser Gast logierte zu jeder Messe bei uns, er genoß den Familienanschluß. Abends erzählte er aus seinem Leben: aufgewachsen in Südamerika, die ersten Schuhe mit zwölf Jahren und dann zur See! Das faszinierte mich. Zur See fahren, das war die Idee! Es war die einzige Möglichkeit, diesen abgeriegelten Staat legal zu verlassen.

Die Handelsflotte der Deutschen See-Reederei suchte Mitarbeiter. Da ich gelerner Maschinenschlosser war, bewarb ich mich 1959 als Schiffsmaschinen-Assistent. Ich hatte Glück, trotz »Westverwandtschaft« angenommen zu werden. Mein Seemannsleben begann auf einem der letzten Kohledampfer der DDR, der »DS Rostock«. So sah ich mit Anfang zwanzig Finnland, Schweden, Frankreich, England, Ägypten …

Die Deutsche See-Reederei delegierte mich an die »Arbeiter- und Bauernfakultät« in Dresden, wo ich die Hochschulreife erwerben und anschließend studieren wollte. Ich begann dort im September 1961 – drei Wochen nach dem Bau der Berliner Mauer. Wenige Tage darauf erging ein Aufruf der Freien Deutschen Jugend (FDJ) an alle Studenten: Mit unserer Unterschrift sollten wir uns bereit erklären, jederzeit mit der Waffe in der Hand die DDR zu verteidigen.

Ich war geschockt! Wird es wegen des Mauerbaus Krieg geben? Muß ich auf Menschen schießen? Es gab kaum Bedenkzeit. Die Liste lief während der Vorlesung durch die Reihen. Für die Genossen waren die Unterschriften nur Formsache. Was passiert, wenn ich nicht unterschreibe?

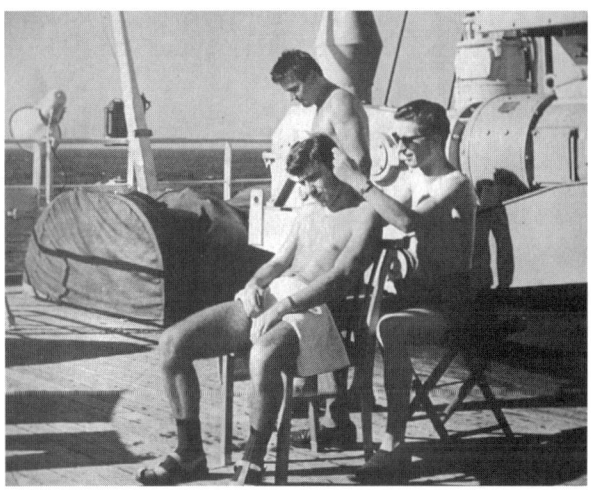

Die Liste lag vor mir; mir war übel. Schließlich reichte ich sie weiter – ohne meine Unterschrift.

Der Kommilitone neben mir schaute mich fragend an. Als die Liste vorn beim Dozenten ankam, überflog er sie und stutzte: Wer ist Hans Anders? Er verließ den Seminarraum kopfschüttelnd, meine Kommilitonen umringten mich. Obwohl wir uns in den wenigen Tagen kaum kennengelernt hatten, zeigten sich einige solidarisch. Damit hatte ich nicht gerechnet. »Mensch, hast du Mut! Wenn wir das früher gewußt hätten, hätten wir doch eine geschlossene Aktion daraus machen können.« Gott sei Dank kam es nicht dazu. Für die Stasi wäre dies eine subversive, staatsfeindliche Grup-

Der Leipziger Hans-Georg Anders (mit Sonnenbrille) beim Haareschneiden auf der »Dresden«, 1961

penbildung gewesen, und ich der
Rädelsführer.

Es war Mittagszeit. Minuten
später hieß es: Hans Anders zum
Rektor! Eine unangenehme »Aus-
sprache« folgte. Ich sagte, ich sei
Christ und werde deshalb keine Waffe in die Hand nehmen. Ich bekam
Bedenkzeit bis achtzehn Uhr.

Quälende Stunden. Ich konnte keinen vertrauten Menschen fragen
oder anrufen. Meine Verwandten und Freunde hatten kein Telefon. In
Dresden kannte ich niemanden. In meiner Not klingelte ich bei einem
Pfarrer, er war nicht da. Tausend Gedanken schossen mir durch den
Kopf. Was werden sie mit dir machen, wenn du dich weiter weigerst?
Wird dich die Stasi verhaften? Es wurden schon Menschen für weniger
eingesperrt, politische Witze genügten. Die »Staatsorgane« waren nach
dem Mauerbau hochgradig nervös. Ich hatte Angst.

Um achtzehn Uhr sagte ich zum Rektor: »Ich halte es mit Martin
Luther: ›Hier steh ich, Herr, ich kann nicht anders! Gott helfe mir.‹« Er
wurde laut: »Leute wie Sie wollen wir nicht in unseren Reihen haben!
Und dann auch noch auf Kosten der Arbeiterklasse studieren ...« Ich
wurde mit sofortiger Wirkung exmatrikuliert und zu meinem Betrieb
zurückgeschickt.

In Rostock brüllte mich der stellvertretende Generaldirektor der

54

Reederei an: »Was machen Sie, wenn im kapitalistischen Ausland jemand versucht, unsere Staatsflagge auf

dem Schiff herunterzureißen? Schauen Sie dann auch zu? Sie sind ein Staatsfeind! Mit solchen Leuten wollen wir nicht zusammenarbeiten, Sie sind fristlos entlassen.« Mein Seefahrtsbuch mußte ich gleich dalassen.

Das Arbeitsgesetzbuch interessierte niemanden. Widerspruch oder juristische Schritte waren sinnlos. Ich fuhr zurück nach Leipzig und begann eine Arbeit zu suchen. In den Betrieben fehlten Fachkräfte; doch wo ich auch hinkam – selbst mit meiner Bewerbung als Heizer bei der Deutschen Reichsbahn –, Absage über Absage, mit fadenscheinigen Begründungen. Mit meiner Kaderakte, die von Betrieb zu Betrieb geschickt wurde, war ich gebrandmarkt. Niemand wollte einen »Staatsfeind«.

Wie sollte ich meinen Lebensunterhalt bestreiten? Meine Eltern bekamen zusammen dreihundert Mark Rente. Ich versuchte es in der Großmarkthalle als Tagelöhner. Dort interessierte sich niemand für die Herkunft derjenigen, die sich am frühen Morgen meldeten, um den ganzen Tag schwere Gemüsekisten zu sortierten oder Lkws zu beladen und abends ihren kargen Lohn in Empfang zu nehmen. Gestrauchelte, ehemalige Häftlinge und »Politische«, die wie ich mit Berufsverbot belegt waren.

Einige Monate ging das so, bis ein Betrieb mich als Lkw-Fahrer einstellte, mit Sondergenehmigung des Rates des Bezirkes. Der Lohn war wesentlich niedriger als in meinem Beruf als Schlosser. Aber ich hatte Arbeit.

Im Januar 1962 trat das Wehrpflichtgesetz in Kraft. Nun war ich dran. Zivildienst gab es nicht, und die Baueinheiten der Nationalen Volksarmee – Dienst ohne Waffe – auch noch nicht. Die Alternative zum Wehrdienst war mehrere Jahre Zuchthaus. Als ich das erfuhr, verließ mich der Mut. Schweren Herzens trat ich den achtzehnmonatigen Wehrdienst an, eine Zeit, die zu meinen unangenehmsten Erinnerungen gehört. Im »Politunterricht« fiel ich häufig auf, unter anderem durch ein Zitat von Carl Orff: »Wer die Macht hat, hat das Recht, und wer das Recht hat, beugt es auch.«

Nach der Armeezeit durfte ich doch noch ein Fachschulstudium beginnen, als Ingenieur-Ökonom für Kraftfahrzeug-Technik. Danach arbeitete ich in Leipzig als Verkehrsingenieur. Es dauerte nicht lange, und ich wurde bedrängt, der »Gesellschaft für deutsch-sowjetische Freundschaft« (DSF) beizutreten. Man wollte die hundertprozentige Mitgliedschaft der Abteilung melden. Mein Argument, man könne auch Freund eines anderen Landes sein, ohne Mitglied einer Organisation zu werden, wurde als negative Haltung zur Sowjetunion ausgelegt.

Die Mitgliedschaft in der SED trug man mir erst gar nicht an. Ich wäre selbst bei Verlust des Arbeitsplatzes nicht eingetreten. Später sollte ich unbedingt Mitglied der »Kampfgruppen der Arbeiterklasse« werden! (Diese paramilitärischen Einheiten unterstanden der SED, sie waren bewaffnet und »übten« in der Regel monatlich den Kampf gegen »innere und äußere Feinde des Sozialismus«. Insbesondere bestand ihre Aufgabe in der Abwehr innerer Unruhen, war also gegen die eigenen Landsleute gerichtet. Manche hatten mit der Mitgliedschaft in den Kampfgruppen offensichtlich keine Probleme.*)

Zuerst schob ich gesundheitliche Probleme vor. Dies wurde nicht akzeptiert. Es folgten Aussprachen auf Parteileitungsebene – obwohl ich kein Genosse war –, mit Anschuldigungen und Drohungen. Irgendeine »gesellschaftliche Tätigkeit« mußte ich übernehmen, um aus der Bedrängnis herauszukommen. Da meine Tätigkeit oft eine Zusammenarbeit mit der Verkehrspolizei erforderte, kam ich auf eine Idee: Ich führte mit dem zuständigen Offizier, den ich mittlerweile gut kannte

* 1988 waren zweihunderttausend Männer freiwillig in den »Arbeiterbataillonen«. Noch im Herbst 1989 unterdrückten »Kampfgruppen« Demonstrationen gegen das Regime.

und der eine liberale politische Haltung hatte, ein vertrauliches Gespräch, in dem ich meine Not schilderte.

Wir kamen überein, daß ich unter bestimmten Bedingungen »Helfer der Verkehrspolizei« werde – eine »gesellschaftliche Tätigkeit«, die bei den Genossen meiner Abteilung einen hohen Stellenwert hatte. Meine Bedingungen wurden akzeptiert: kein Waffenkontakt, keine Armbinde, kein Außeneinsatz und jederzeitige »Kündigungsmöglichkeit«.

Lediglich die Teilnahme an den monatlichen Schulungen wurde erwünscht. Die Schulungen waren wider Erwarten harmlos und obendrein noch interessant. Man diskutierte knifflige Verkehrslösungen und sprach über Verkehrsrechtsprobleme. Damit leistete ich einen persönlichen Beitrag »für die Stärkung des sozialistischen Staates und für die Sicherung des Weltfriedens«. Von Stund an ließ man mich in Ruhe.

Heute verdrängen und vergessen viele. »So schlecht war es doch gar nicht in der DDR.« Ich empfehle einen Besuch der Gedenkstätte Stasi-Gefängnis Berlin-Hohenschönhausen. Es stimmt, die DDR bestand nicht nur aus SED und Stasi – aber auch nicht nur aus guter Nachbarschaft und gemütlicher Kleingartenidylle.

Sechsunddreißigtausend Wehrdienstleistende bewachten die DDR-Westgrenze (1980). Niemand wurde zum Dienst an der Grenze gezwungen. Der Satz »Ich kann nicht auf Menschen schießen« genügte, um anderswo Soldat zu sein. Andererseits gab es für Grenzsoldaten Privilegien, bevorzugte Studienplatzvergabe und anderes mehr.

Die Unverbindlichkeit, das Schweigen zu einer Untat, die man weiß, ist wahrscheinlich die allgemeinste Art unser Mitschuld.

Max Frisch,
Tagebuch 1946 – 1949

Mein Vater hat leidenschaftlich gern Kontra gegeben.

Eltern haften – und ihre Kinder

Mein Bruder und ich wuchsen in einem behüteten Elternhaus in Sonneberg (Thüringen) auf. Nach dem Zusammenbruch des Dritten Reichs erlebten wir die Willkür der sowjetischen Siegermacht. Ein Vater ging mit seiner Tochter zum Verwandtenbesuch über die Grenze am Stadtrand Sonnebergs nach Bayern – auf dem Rückweg wurden sie von Russen umgebracht.

Im Juni 1952 wurden mehr als achttausend unschuldige Menschen entlang der DDR-Grenze zwangsausgesiedelt, »Aktion Ungeziefer« nannten das die Verantwortlichen im Nazi-Jargon. Wir haben das in Sonneberg unmittelbar erfahren:

»Im Arbeitslager Bitterfeld für einen Sklavenlohn schuften« – Stasi-Foto vom Sonneberger Fahrradhändler Hermann Bauer

Meine Eltern kannten die Familie Rüger – Werner, Hildegard und ihren zwölfjährigen Sohn Manfred. Das waren anständige, lebenslustige Leute. Sie hatten eine Pension in Sonneberg. Wir hatten sie noch ein paar Tage, bevor das passierte, am Sonntag auf der Straße getroffen. Ich war mit meiner Mutti auf dem Weg zu meinen Großeltern, da kamen die Rügers die Eichbergstraße hoch und machten einen Spaziergang. Wir unterhielten uns noch, weil es so ein schöner Tag war. Meine Mutti sagte: »Na, ihr Bummler, ihr macht euch jetzt ein schönes Leben.« – »Wir haben uns nur mal ganz schnell losgeeist«, sagte Frau Rüger, »nun müssen wir auch wieder zurückgehen in die Pension.«

An dem Tag, als die Menschen fortgeschafft wurden, erfuhren wir davon am frühen Vormittag. Wir wohnten damals in der Coburger Allee, die Rügers in der Ernst-Thälmann-Straße, das war nicht weit. Es sprach sich herum wie ein Lauffeuer: Sie hätten sich die Pulsadern aufgeschnitten aus Angst davor, nach Rußland zu kommen. Für meinen Bruder und mich – ich war damals elf Jahre – war das eine schreckliche Vorstellung. Da entwickelte sich unterschwellig Zorn gegen diejenigen, die ihnen das angetan hatten.*

Später, als ich älter wurde, drängte es mich, mit Freundinnen über das Schicksal der Rügers zu sprechen. In meinem Bekanntenkreis wußte niemand etwas. Die Erwachsenen wußten es, aber sie hatten es nicht an die Kinder weitergegeben. Es wurde systematisch ausgeblendet. Das waren Leute, die sich nur ihren eigenen vier Wänden widmeten. Sie hatten auch Angst, daß die Kinder draußen was erzählen. Diese Angst war ständig da, wegen irgendwas belangt zu werden.

Mein Vater, Hermann Bauer, hatte in Sonneberg eine selbständige Fahrradhandlung mit Reparaturwerkstatt. In den frühen fünfziger Jahren wurden unsere Eltern deswegen als »kapitalistische Elemente« eingeordnet. Als es um meine Zukunft ging, wurden die Weichen vom Staat gestellt: keine weiterführende Schule. Ich käme aus »kleinbürgerlichen Verhältnissen«, der Anteil der »Arbeiter-und-Bauern-Kinder« müsse überwiegen. Mir sind ziemlich früh die Flügel beschnitten worden.

Unser Vater dachte nie wirklich an Republikflucht. »Hier ist unsere Heimat, hier bleiben wir!« sagte er. Sein Ärger wegen der Schikanen bei der Warenzuteilung blieb uns Kindern nicht verborgen. Die verbliebenen privaten Geschäfte wurden zuletzt beliefert. Selbst Ventile, Luftpumpen und Flickzeug waren Mangelware in der DDR. Darüber beschwerte sich mein Vater.

Im Juli 1961, kurz vor dem Mauerbau, wurde das »als fortschrittlich bekannte Ehepaar« K. aus Sonneberg von der Stasi zu meinem Vater

---

* Allein in Thüringen haben sich im Juni 1952 nach Ausweisungsbeschlüssen sieben Menschen das Leben genommen. »Die Härten richten sich nicht gegen unsere Klasse!« hatte Volkspolizei-Insp. Engelmann vorab zur Zwangsaussiedlung erklärt (Besprechung beim Thüringer VP-Chefinspektor am 21. Mai 1952). In den Thüringer Dörfern Dorndorf und Streufdorf setzten etliche Einwohner den Aussiedlungskommandos verzweifelt Widerstand entgegen (siehe R. Grafe, *Die Grenze durch Deutschland*, S. 48ff.).

geschickt. Sie waren mit der Absicht gekommen, ihn zu denunzieren, und provozierten ihn. Sie sagten, sie wollten ein Damenfahrrad kaufen. Mein Vater bekam im Jahr vielleicht zwei Fahrräder geliefert. »Damit kann ich nicht dienen«, sagte er. »Wenn wir im Westen wären, wäre es kein Problem ...« Mein Vater hat leidenschaftlich gern Kontra gegeben. Er hat das Herz auf der Zunge getragen.

Am 2. September '61, einem Samstag, schickten sie einen jungen Mann, den Transportpolizisten S., er sprach meinen Vater auf den Mauerbau am 13. August an. Mein Vater sagte, er würde sofort über die Grenze abhauen, wenn er wüßte, wo ... Noch am selben Tag wurde er auf der Straße verhaftet, mit sechzig Jahren. Ende September '61 verurteilte ihn das Bezirksgericht in Meiningen zu einem Jahr Gefängnis, »wegen staatsgefährdender Propaganda und Hetze«. Er hatte die Atombombenversuche der Russen kritisiert und gesagt, Konrad Adenauer sei ein anständiger Deutscher.

Am 3. Oktober 1961, ich war zwanzig, wurde unsere Familie als »unzuverlässige Elemente« aus der Heimat zwangsausgesiedelt. In der Früh halb sechs schlug es heftig an der Haustür. Unsere Wohnung war plötzlich voller fremder Leute: »Volkspolizisten«, Stasi-Männer, Genossen von der Sonneberger SED-Kreisleitung und Männer von den »Betriebskampfgruppen«. (Auch Funktionäre vom Rat der Stadt und vom Rat des Kreises Sonneberg waren an der Aussiedlungsaktion beteiligt.)

Wir sollten uns im Wohnzimmer hinsetzen; ein Offizier las uns vor, warum wir ausgesiedelt werden: wegen der »westdeutschen Imperialisten« und zu unserer »eigenen Sicherheit«. Wir waren fassungslos. Ich erwog, aus dem Fenster zu springen. Mein Bruder Hans, 23 Jahre, rannte in die Küche, nahm ein Messer und wollte sich die Pulsadern aufschneiden. Sie stürzten hinterher und legten ihm Knebelketten an. Hans bäumte sich auf, sie traten ihm in die Beine und ins Kreuz und schleiften ihn die Treppe runter. Meine Mutter sagte: »Erst habt ihr mir meinen Mann genommen, jetzt schafft ihr noch meinen Sohn fort!« – »Machen Sie sich keine Sorgen«, sagte ein Offizier, »ich verspreche Ihnen, wenn die Maßnahme abgeschlossen ist, ist Ihr Sohn wieder da.«

Wir wurden aufgefordert, beim Packen mitzuhelfen. Meine Mutter Erna, 58 Jahre alt, blieb sitzen: »Ich mach nicht mit. Ich habe eine Wohnung, ich bleibe hier.« Ich sagte: »Ich hab keine Veranlassung wegzugehen, meine Heimat ist hier.« So saßen wir eine ganze Weile. »Das, was ihr mit uns macht, hat Hitler mit den Juden gemacht«, sagte meine Mutter. »Das ist Sippenhaft. Ich wünsche das keinem von euch …« Niemand widersprach ihr.

Im Wohnzimmerschrank stand das Geschirr, das nur sonntags benutzt wurde. Meine Eltern hatten es durch harte Arbeit und viel Verzicht erworben. Als meine Mutter sah, wie die Männer damit beim Einpacken umgingen, stand sie nach zwei Stunden auf und half mit. Es hieß, um zwölf Uhr muß alles fertig sein.

Ich bestand darauf, noch selber den Bankschlüssel in meinem Betrieb abzugeben. So konnte ich noch kurz mit meinem Chef sprechen, der war entsetzt. Meine Kollegen umarmten mich noch mal, aber keiner sagte etwas dagegen … Als ich rauskam, schaute ich auf das Haus der Familie Rüger, es war schräg gegenüber.

Mein Bruder war dann beim Abtransport wieder da, man steckte ihn in ein Auto, links und rechts von »Volkspolizisten« bewacht. Hans hatte gesagt, er springe raus. Mutter und ich saßen im Lkw mit unseren Sachen. Mittags um zwei, wir hörten noch die Rathausuhr schlagen, fuhren wir die Köppelsdorfer Straße entlang stadtauswärts. (Mehr als dreitausend Menschen wurden 1961 aus dem Grenzgebiet der DDR ausgesiedelt.)

Am Abend wurden wir in einer fremden Stadt an SED-Funktionäre und Stasi-Leute übergeben. In eine verdreckte Wohnung, ohne funktionierende Öfen, kamen wir. Wir wollten endlich wissen, wo wir sind. »In Crimmitschau!« sagte einer.

In der Stadt wurden Gerüchte über uns verbreitet: Wir seien »Menschen übelster Sorte«, Kriminelle, man solle sich von uns fernhalten. Das ließen wir uns nicht bieten und protestierten im Rathaus. Dort warnte man uns: Wir sollten nichts über die »Maßnahme« erzählen. Ich sagte: »Wir gehen damit nicht hausieren, aber wenn jemand fragt, erfährt er die Wahrheit.«

Ich konnte mit niemandem darüber sprechen. Ich wurde auch nicht gefragt, wo wir herkommen. Ich lernte Menschen kennen, die vermuteten, daß da was war. Sie sprachen mich aber nie darauf an. Ich hab gewartet, daß jemand fragt.

Manche wollten es überhaupt nicht wissen, die wollten sich nicht belasten.

Die waren nicht für den Staat und nicht dagegen. Die wollten einfach ihre heile Welt aufrechterhalten, zwanzig Meter im Quadrat, mit einem Gartenzwerg drin, ihre Idylle. Sie wollten einfach nicht wahrnehmen, was um sie herum passiert. Sie hatten nicht mal Angst, lediglich Bedenken, daß ihnen etwas abhanden kommen könnte. Nur immer schön schweigen und mitmachen, dann gibt's auch den Studienplatz, die neue Wohnung, den Ferienplatz an der Ostsee, die Gehaltserhöhung, die Jahresendprämie in voller Höhe, wenn man alle Punkte erfüllt hat ... Das waren egoistische Menschen, allein auf sich bezogen. Den Satz »Wir hatten uns in unserer Nische eingerichtet« kann ich nicht mehr hören.

Wenn ich mich für das Schicksal eines anderen Menschen interessiere, heißt das ja noch nicht, daß ich mich für ihn engagieren soll – ich soll es aber wenigstens zur Kenntnis nehmen. Das war das Mindeste, was ich von Leuten erwartet habe. Die vielgelobte »Solidarität« in der DDR, von der heute immer geredet wird – die Leute sollen doch nicht so tun.

Verwandte aus Sonneberg kehrten uns den Rücken. Eine gute Freundin aus Sonneberg, deren Mann bei der Volksarmee war, brach den Kontakt ab. Eine andere Freundin wurde von der Stasi bearbeitet und schrieb dann auch nicht mehr. In Sonneberg hieß es: »Halt' dein Maul – denk' dran, was sie mit dem Fahrrad-Bauer gemacht haben!«

Unsere Oma in Sonneberg erlitt einen schweren Schlaganfall, als sie von unserer Zwangsaussiedlung erfuhr. Ein Spitzel in ihrer Nachbarschaft

Abschrift !

4.1o.1963

Bin inden letzten 8 Tagen nochmals bei B a u e r gewesen
wegen einem evtl. Wohnungstausch Crimmitschau - Berga .
B a u e r sagte, er wolle auf keinen Fall in der DDR
bleiben , man soll ihm die Ausreise geben . Sonst will er
versuchen so über die Grenze zu kommen. B a u e r arbeitet
nicht. Er sagte, ich soll mal kommen wenn die beiden Kinder
da wären. B a u e r sagte noch, trotz Mistenfelder würde
er versuchen nach dem Westen zu kommen. Für einen Rat ,
er soll sich doch hier eine Werkstatt eröfnen , sagte er,
hier nicht , eher in Berga .
B a u e r sagte, für diesen Staat hier habe er nichts übrig.
Man habe ihn aus seiner Heimat vertrieben und Existenz genommen .

Seine Frau ist zurückhaltender, sie sagt zu ihm , dich
sperren sie nochmals ein . Das wäre ihm egel , sagte Bauer.
Er erzählte mir , dass er neuerdings an den Rat des Kreises
wegen Verzug geschrieben hätte .
Über das Wie und Wo er die Grenze verlassen will , hat er
sich noch nicht geäussert.

Bei den Besuchen in der Wohnung konnte ich nicht feststellen ,
dass er Sachen verkauft hat. Er meinte nur , man solle ihm
die Ausreise geben , er lasse alles hier.
Zur Wahl wollen sie alle zusammen nicht gehen , wir haben nichts
übrig für diesen Staat.
Der Vater sagte auch , sein Sohn lehne es ab zur Volksarmee
zu gehen. Sein ganzes Verhalten drückt sich darin aus, dass
er unbedingt erreichen will von hier fortzukommen.

gez. " Willi "

f.d.R.d.A.z.: Scz.

Stasi-Spitzelbericht des IM »Willi« über Hermann Bauer

mußte ständig beobachten, wie es ihr geht und wann sie stirbt. Es wurde vermutet, daß wir danach in den Westen fliehen würden. Wir waren schon wieder im Visier der Stasi.

Über unsere Deportation und die schleichende Enteignung unseres Hauses hatten wir uns sofort beim Rat des Kreises Sonneberg beschwert und die Gesetzwidrigkeit belegt. Gleichzeitig beschwerten wir uns beim

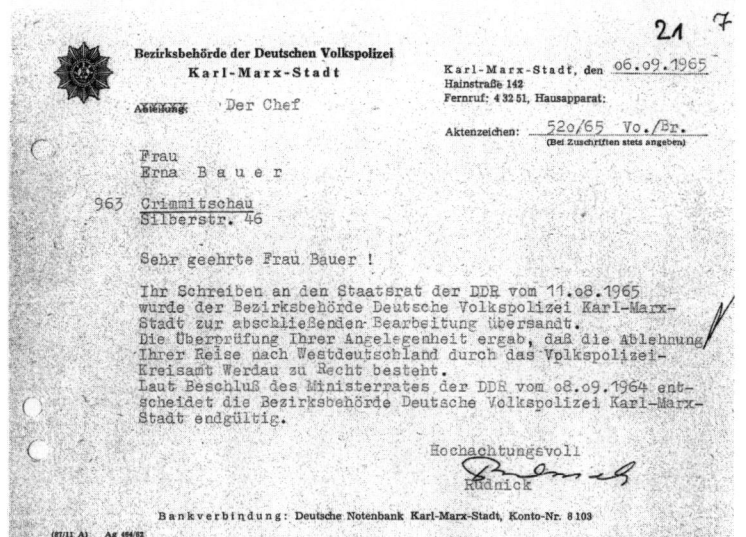

**Bezirksbehörde der Deutschen Volkspolizei
Karl-Marx-Stadt**

~~Abteilung:~~ ·Der Chef

Karl-Marx-Stadt, den 06.09.1965
Hainstraße 142
Fernruf: 4 32 51, Hausapparat:

Aktenzeichen: 520/65 Vo./Br.
(Bei Zuschriften stets angeben)

Frau
Erna B a u e r

963 Crimmitschau
Silberstr. 46

Sehr geehrte Frau Bauer !

Ihr Schreiben an den Staatsrat der DDR vom 11.08.1965
wurde der Bezirksbehörde Deutsche Volkspolizei Karl-Marx-
Stadt zur abschließenden Bearbeitung übersandt.
Die Überprüfung Ihrer Angelegenheit ergab, daß die Ablehnung
Ihrer Reise nach Westdeutschland durch das Volkspolizei-
Kreisamt Werdau zu Recht besteht.
Laut Beschluß des Ministerrates der DDR vom 08.09.1964 ent-
scheidet die Bezirksbehörde Deutsche Volkspolizei Karl-Marx-
Stadt endgültig.

Hochachtungsvoll

Rudnick

Bankverbindung: Deutsche Notenbank Karl-Marx-Stadt, Konto-Nr. 8 103

Volkspolizei-Kreisamt (VPKA) und bei der SED-Kreisleitung Sonneberg. Die Briefe wurden an die Stasi weitergeleitet. Am 13. Juni 1962 verurteilte das Kreisgericht Werdau meine Mutter, meinen Bruder und mich auf Bewährung zu mehreren Monaten Haft, wegen Staatsverleumdung.

Entscheidung »endgültig« – Verweigerung einer Reise nach West-Deutschland, 1965

Weihnachten 1961 hatten wir Vater einen Stollen schicken wollen. Das Päckchen kam nach vier Wochen kaputt zurück. Man hatte Vater »nicht gefunden«! Im Arbeitslager Bitterfeld mußte er für einen Sklavenlohn schuften. Dort wurde das praktiziert, was man uns in der Schule über den Kapitalismus gelehrt hatte: »Ausbeutung des Menschen durch den Menschen«. Unser Vater erlitt einen Arbeitsunfall und einen Leistenbruch.

Zweimal durften wir ihn besuchen. Er steckte in einer ausgedienten Uniform, auf die breite, gelbe Streifen aufgenäht waren (Schießmarkierungen im Fall einer Flucht). Er war krank und sah aus wie ein unterernährter Konfirmand. Wir reichten beim Staatsanwalt in Meiningen ein Gnadengesuch ein, es wurde abgelehnt: »Um den Erziehungszweck der erkannten Strafe von 1 Jahr zu gewährleisten, ist die volle Verbüßung dieser Strafe notwendig« (Staatsanwalt Schulze). Nach seiner Entlassung aus dem Lager war mein Vater fix und fertig. Er erzählte nicht viel, aber wenn ein gestandener Mann weint …

In Crimmitschau trat ich gleich aus der FDJ aus. Am Anfang ging ich auch nicht mit zur Mai-Demonstration. Tags darauf war ich noch nicht ganz auf Arbeit, da klingelte bei meinem Chef das Telefon, und er mußte zum Parteisekretär des Betriebes. Nach ungefähr zwei Stunden kam er wieder; er hatte eine ordentliche Haarwäsche gekriegt, weil er mich immer noch nicht umerzogen hatte. Auch meine Kollegen sagten: »Na, du warst ja schon wieder nicht dabei.« Schließlich ging ich mit, weil es hieß, das Kollektiv müsse sonst darunter leiden.

»Unsere Hausgemeinschaft wählt am 16. Nov.
bis 11.00 Uhr die Kandidaten der Nationalen
Front!« – Goethestraße in Ost-Berlin, 1958

Wir waren »ständige Nichtwäh-
ler«, einmal waren wir wählen und
gingen in die Wahlkabine. Die wurde
kaum genutzt. Das war eine Mög-
lichkeit! Ich sprach mal mit einem darüber, da hieß es: »Nein, das mache ich nicht – da bin ich ja gleich auf der schwarzen Liste.« Die meisten sind zur Wahl gegangen, das heißt, die sind nur »Zettelfalten« gegangen, wie man sagte, ohne die Kandidaten-Namen durchzustreichen.

Eines Tages stand ich beim Einkaufen in Crimmitschau wieder mal in der Schlange; wenn eine Schlange war, gab's was. Da hieß es, bis zu der Frau mit dem roten Pullover gibt es Bananen, danach keine mehr. Wie die Leute da schimpfen konnten!

1964 hatten wir durch schriftlichen Protest das Aufoktroyieren der DDR-Staatsbürgerschaft verweigert. Den Protest nahmen wir nicht zurück; die Staatsbürgerschaft wurde uns trotzdem übergestülpt. 1975, nach 12 Jahren Wartezeit, bekamen wir die Ausreise aus der DDR genehmigt. Ich sagte: »Ich glaube nicht, daß uns diese Verbrecher ausreisen lassen, irgendwas lassen die sich noch einfallen.«

Der Zug hielt ziemlich lang am Grenzübergang Gutenfürst. Wir dachten, unser Sohn Heiko würde ein bißchen schlafen, er war damals drei Jahre alt. Die Abteiltür ging auf, und der Offizier studierte aufmerksam die Ausreisepapiere. »Ihr Sohn muß aussteigen!« sagte er zu mir, ich könne mitgehen. Heiko war nicht in den Papieren erwähnt. »Ich steig nicht aus«, sagte ich. – »Sie steigen aus!« Er wurde etwas lauter, ein anderer Kontrolleur kam, und schließlich durften wir ausreisen.

Drei Tage vorher, am 1. April 1975, waren meine Eltern, mein Bruder mit seiner Frau und seinem Sohn Thomas über Gutenfürst ausgereist. Sie mußten aus dem Zug raus. »Wenn ihr nicht überall Hilfsschüler sitzen hättet, gäbe es keine Probleme«, sagte Vater. Er wußte, wie krank er ist. »Was wollen die mit mir machen? Die können mich nur noch im Gefängnis sterben lassen.« Er ist am 30. Juli ’75 gestorben, kurz nachdem wir im Westen waren, an den späten Folgen des sozialistischen Strafvollzugs.

Entschädigungen wegen der Zwangsaussiedlung haben wir nie erhalten. Das Leid unseres Vaters, das zu unserem wurde, »entschädigte« man mit einer Mark pro Hafttag. Wir meinten, keine Widerstandskämpfer gewesen zu sein. Doch wir haben dem Staat und seiner Politik aufrecht widerstanden – trotz dauernder Drohungen und Repressalien. Die DDR war von Anfang an ein Unrechtsstaat, ein Verbrecherstaat.

Gefährlich war in der DDR nicht der Gesetzgeber, sondern der »kleine Mann«, der die Gesetze akribisch ausführte. Walter Ulbricht und Erich Honecker haben meinen Vater gar nicht gekannt. Die haben die Gesetze gemacht. Doch Gesetze werden erst dann grausam, wenn sie befolgt werden. Wenn Menschen sich dafür hergeben – wohl wissend, was sie mit ihren Handlungen anrichten: andere ins Unglück stürzen. »Wenn ich es nicht gemacht hätte, hätten es andere getan«, ist die Ausrede für ihr reines Gewissen.

Schuldig haben sich auch die gemacht, die nur zugesehen oder weggesehen haben. Es gab für die Menschen in der DDR genügend Möglichkeiten, sich nicht wortlos zu fügen. Die meisten hatten nicht einmal den Mut, die Faust in der Hosentasche zu ballen. Einige Leute haben versucht, ihr Leben zu gestalten, ohne Mitläufer zu sein. Es waren wenige.

Nach dem Zusammenbruch der DDR setzten wir uns im »Rechtsstaat« Bundesrepublik erneut zur Wehr. Alle Anzeigen gegen die Verantwortlichen für unsere Zwangsaussiedlung (wegen Nötigung, Freiheitsberaubung, Entführung) wurden abgeschmettert. Recht bekamen wir genauso wenig wie damals in der DDR. Die neue Bundesrepublik hat die Opfer kommunistischer Gewalt zugunsten der Täter verraten. Deren Taten werden bagatellisiert, unsere Forderung nach Recht wird sichtlich genervt abgetan.*

Die Täter bekommen überall ein Podium, um zu sagen, daß sie »eine ganz normale Arbeit« machten und sich »nichts vorzuwerfen« hätten. Ihren Erfolg sieht man an den Wahlergebnissen und am fehlenden Wissen über die DDR.

Den Scharlatanen der umbenannten SED wird wieder Vertrauen und Macht geschenkt, eine Partei, die 40 Jahre lang das Volk unterdrückte und Menschen umbringen ließ, nicht nur an der Grenze. Die einen ganzen Staat in die Pleite geführt hat und heute den Himmel auf Erden verspricht. Es ist unfaßbar.

Kürzlich hab ich mich mit meiner besten Freundin getroffen, da hab ich ihr was von unserer Zwangsaussiedlung erzählt. »Das glaub ich dir nicht«, hat sie gesagt. Das hat mich bis ins Herz getroffen. Wir kennen uns über vierzig Jahre … Ihr Vater war Schöffe am Gericht – als wir wegen »Staatsverleumdung« verurteilt wurden, saß er als Zuhörer mit in der Verhandlung. Und hat nicht mit seiner Tochter darüber gesprochen.

---

* Die Ermittlungen gegen den DDR-Transportpolizisten S., aufgrund dessen Denunziation Hermann Bauer 1961 ins Gefängnis kam, wurden 1992 durch die Staatsanwaltschaft Meiningen eingestellt: Dem Beschuldigten könne nicht unterstellt werden, daß er sich damals des »Verstosses gegen die Gerechtigkeit und Menschlichkeit« bewußt gewesen sei.
Nicht ein Verantwortlicher für die Zwangsaussiedlungen an der DDR-Grenze ist im vereinten Deutschland zur Verantwortung gezogen worden. Die daran Beteiligten hätten an die Rechtmäßigkeit des Aussiedlungsbefehls glauben dürfen, haben gesamtdeutsche Richter 1998 geurteilt (siehe R. Grafe, *Die Grenze durch Deutschland*, S. 503f.).

DORA CLAUSSNER

Wir waren brav.

Mal mehr, mal weniger

Erst sagte man nach dem Krieg: »Wir wollen keine Waffe mehr in die Hand nehmen – wer wieder ein Gewehr in die Hand nimmt, dem sollen die Hände abfaulen!« Ich war bei Kriegsende elf Jahre, ich nahm mir das wirklich zu Herzen.

Als junge Frau kümmerte ich mich eigentlich überhaupt nicht um Politik. 1950 war ich in der Graveurlehre, im »Ernst-Thälmann-Werk«

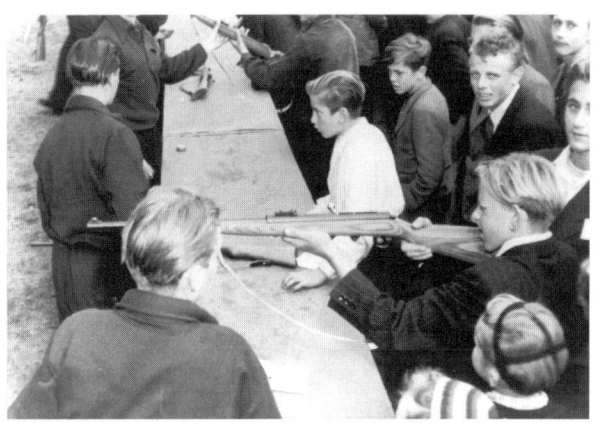

Saalfeld (Thüringen). Da fingen sie wieder an, Schießübungen zu machen, in der FDJ-Gruppe. Ich weigerte mich mitzuschießen. Die an-

*»Ach, geh doch mit, das macht doch Spaß!«
Schießübung der »Gesellschaft für Sport und Technik« (GST), um 1953*

deren sagten: »Ach, geh doch mit, das macht doch Spaß!« Außer mir und noch einem Lehrling gingen alle zum Schießen. So fing das allmählich wieder an.

Unser Abteilungsleiter meinte eines Tages, West-Berlin gehöre zur DDR, es sei ein kapitalistisches Nest mitten im sozialistischen Lager. Die Sowjetunion – »unser großer Bruder« – werde sich das doch auf Dauer nicht gefallen lassen. Das empörte mich: West-Berlin sei doch gegen Thüringen ausgetauscht worden, sagte ich, das hätte ich selber noch erlebt. Dann müßte man ja Thüringen zurückgeben. – »Du bist das Produkt deiner Umgebung und deiner Erziehung!« meinte darauf

Dora Claußner als Graveurin, 1957

der FDJ-Sekretär. Danach sagte mir der Lehrmeister, ich solle lieber nichts mehr dazu sagen, sonst würde er als Erzieher dafür verantwortlich gemacht.

Als ich dann in Gräfenthal als Graveur arbeitete, machte meine Brigade auch Schießübungen. Sie sagten: »Wir können nie eine Auszeichnung bekommen, wenn du nicht mitschießt. Die Punkte, die fehlen uns.« – »Dann müßt ihr mich ausschließen, ich schieß nicht mit«, sagte ich. Nein, Angst hatte ich keine in dem Moment. Was sollten sie denn machen? Sie konnten mich ja nicht zwingen.

Auch bei der »Betriebskampfgruppe« übten sie Schießen, fast alle Männer waren dabei. Da fühlten sie sich als Männer. Das war alles so selbstverständlich. – Einmal im Kindergarten empörte ich mich, als sie anfingen, unseren Kindern Panzer als Spielzeug zu geben.

Zur Wahl ging ich, ja. Gleich am Vormittag, dann hatte man es hinter sich. Man wollte da nicht auffallen. Wir dachten: Das Leben ist eben so. Als Rentner dürfen wir dann in den Westen fahren … Da war man meistens ruhig. Widerstand war sinnlos, das machte man nicht: Wenn man Familie hat, dann legt man sich nicht mit denen an. Das bringt bloß Ärger. Viele gingen in die Kabine und strichen den Wahlzettel durch, beherzte Leute, das wußte ich auch. Aber die meisten haben mitgemacht. Mal war ich Mitläufer, mal nicht.

Von 1960 an wohnte ich in Probstzella, unmittelbar an der Grenze zu Bayern. Dort war ich im Elternaktiv der Schulklasse meines Sohnes, da waren auch Genossen drin. Anfang der siebziger Jahre, am Ende der

achten Klasse, war eine Elternversammlung. Dabei ging es auch um die Kirche. Der Lehrer sagte, es sei nicht gut, daß einige Kinder im Konfirmanden-Unterricht Dinge hörten, die in der Schule anders gelehrt würden. Das wirke sich negativ aus, das seien dann die schlechtesten Schüler.

Meine Freundin Leni sagte: »Nein, meine Tochter ist die beste in der Klasse, und sie ist in der Kirche.« Ich nahm an, jetzt würden auch andere protestieren. Alle wußten, daß der schlechteste Schüler ein Sohn von guten Genossen war. Keiner sagte was. Ich dachte, ich kann doch hier die Leni nicht allein stehen lassen. Ich meldete mich und verteidigte die Kirche, verwies auf die kirchlichen Krankenhäuser und die Heime für Behinderte. Und auch darauf, daß im KZ Buchenwald Pfarrer und Kommunisten gelitten hätten. Da war eine Minute lang Schweigen. Auch andere Eltern ließen ihre Kinder konfirmieren, die dachten kaum anders als ich, aber keiner sagte etwas. Plötzlich sagte der Lehrer: »Wir machen Schluß jetzt für heute.« Und löste den Elternabend auf.

Kurz darauf rief mich meine Freundin an: »Weißt du, daß wir nicht wieder für das neue Elternaktiv aufgestellt worden sind?« Eigentlich wurden die Elternaktiv-Mitglieder von Jahr zu Jahr übernommen. Und plötzlich waren wir zwei draußen. Mir war auch klar, warum: Wir haben etwas dagegen gesagt. Aber man mußte da widersprechen, das mußte man klarstellen. Man kann doch nicht alles so hinnehmen.

Die Leni ließ sich das nicht gefallen, sie rief in der Schule an. Der neue Klassenlehrer kam zu ihr und entschuldigte sich: Er habe nicht gewußt, daß wir im alten Elternaktiv seien.

Mein Sohn ging zur Konfirmation und auch zur Jugendweihe, um nicht anzuecken. Ich empfand das als normal: Machst du eben die Jugendweihe mit, die wollen das doch so. Damit dem Jungen nicht irgendwie ein Nachteil entsteht, keine Zulassung zum Studium oder so … Es dachten fast alle anders, als sie handelten, da war ich mir sicher.

Ich ging auch zur Mai-Demonstration mit, es war ja ein Arbeitstag, sagte man uns, der »Kampf- und Feiertag der Arbeiterklasse«. Da ging man hin, weil es sich so gehörte. Anschließend gab es noch Bratwurst oder einen »Gummi-Adler«, ein Brathähnchen also, und ein Bier. Vor dem Umzug wurden Fähnchen ausgeteilt. Wir machten das Beste daraus: Wir trafen einander, wir waren unter Kollegen, die eine hatte sich so angezogen, die andere so … Es war auch ein bißchen ein Fest für die Kollegen. Das war gar nicht so ernst. Für uns war das kein »Kampftag«. Was die da oben daraus machten, interessierte uns nicht so sehr.

Hinter unserem Haus in Probstzella war der erste Grenzzaun. Dort war eine Leine gespannt, da liefen die Hunde lang, die wurden jeden dritten Tag gefüttert. Wenn Sie das sehen, dann setzen Sie sich nicht auf den Balkon. Als an der Grenze Minen explodierten, zitterten bei uns im Schrank die Gläser. Am Grenzstreifen wurden etliche verletzt, doch darüber sprach man nicht. Wir wußten es trotzdem, weil es die Kollegen in Gräfenthal gesagt hatten.

Einmal schickten sie eine ganze Schulklasse in den Wald, einen Flüchtling aufzuspüren. Danach bekamen die Schüler einen Busausflug geschenkt. Ich sagte: »Es kommt nicht in Frage, daß sie demnächst auch meine Jungs mitnehmen in den Wald!«

Meine Kollegen rieten mir oft, ich solle in die Partei eintreten, dann hätte ich eine andere Position. Ich wollte nicht. Ich konnte es nicht leiden, daß ich in diesem Staat so bevormundet wurde. Ich weiß selber, was ich tue. Dieses Eingesperrtsein, die ganze Propaganda, dieses alberne Getue. Daß

man die Leute hier so unterdrückte. Daß die Dummen das Sagen hatten. Mitunter waren sie gar nicht dumm und haben dumm getan.

»Wenn Sie das sehen, dann setzen Sie sich nicht auf den Balkon.« Der Wohnblock Dora Claußners direkt am ersten Grenzzaun in Probstzella/Thüringen (unten rechts), 1972

Mitlaufen in der DDR? Es war nicht richtig, und doch haben's die meisten gemacht. Wir waren brav. Es war leichter, wenn man nicht selber denkt und nichts zu unternehmen braucht, wenn ich's einfach mitmache. So habe ich eben zum Teil auch mitgemacht. Immer wieder machen die Leute mit. Ich bin froh, daß ich's hinter mir habe. Mir tut die Zeit leid, in der ich so eingeengt war.

Rund vierhunderttausend Menschen lebten in der Sperrzone. Zuletzt machten dort 6670 Einwohner als »Freiwillige Helfer der Grenztruppen« Jagd auf DDR-Flüchtlinge (1986).

LUTZ RATHENOW

Warum kam ich an die Grenze?
Weil ich dorthin wollte

Nichts hat den Staat DDR so geprägt wie die Mauer – also das System von Grenzsicherungsanlagen, die verniedlichend mit dem Begriff »Mauer« umschrieben werden: jener Mix aus Minenstreifen, Zäunen, Signalgeräten, Wachhunden. Und einem Hinterland, in dem verdächtige Menschen von Helfern der Grenztruppen vorbeugend gemeldet werden sollten.

»Mix aus Minenstreifen, Zäunen, Signalgeräten, Wachhunden« – Sperranlagen im Grenzregiment Sonneberg, 1974

Als ich als DDR-Grenzsoldat in Neuhaus-Schierschnitz bei Sonneberg (Thüringen) 1972/73 ein Jahr lang die vorgeschriebenen Wege abzulaufen und zu kontrollieren hatte, galt ein Befehl ausdrücklich: Auf eventuell entgegenkommende westalliierte Soldaten durfte ich nicht schießen. Erst die russische Rote Armee hätte uns dafür den Befehl geben können. Hubschrauber des Bundesgrenzschutzes, die versehentlich oder absichtlich versehentlich über DDR-Gebiet schwirrten, durften nicht einmal mit Warnschüssen bedrängt werden.

Die Magazine in der Kalaschnikow waren immer gut gefüllt, eines schussbereit eingeführt, ein paar andere in einer kleinen Tasche am Gurt befestigt. Sie wären für ein längeres Dauerfeuer ausreichend gewesen, und ihre Patronen waren nur, nur und nochmals nur für eigene Staatsbürger reserviert. Für die, die keine mehr bleiben wollten.

Warum kam ich an die Grenze? Weil ich dorthin wollte und das bei der Musterung sagte. Weil ich überzeugter Antipazifist und für revolutionären Terror war. Außerdem wollte ich studieren, um nicht Arbeiter oder Soldat werden zu müssen. Meine Grenzdienstbereitschaft war Feigheit gepaart mit Unlust an militärischer Ausbildung. Der Grenzdienst würde dafür keine Zeit lassen. Kein Exerzieren, wenig Strammstehen. Nur auf schönen Waldwegen bei Wind und Wetter acht Stunden herumspazieren und Leute bei Bedarf festnehmen oder erschießen.

Die zu bewachenden Abschnitte waren relativ groß. Wir wurden nicht als Scharfschützen ausgebildet, wir hatten Maschinenpistolen, die *»Überzeugter Antipazifist« – Lutz Rathenow bei der VORMILITÄRISCHEN AUSBILDUNG im WEHRLAGER (zweiter von rechts, 1970)* bei größerer Entfernung auf Dauerfeuer gestellt werden mussten, damit ja keiner die DDR verlassen konnte.

Zuerst gab es ein halbes Jahr militärische Ausbildung, da konnte ich mich beim Arzt mit vielen Krankschreibungen gut über die Härten hinwegtricksen. Aber ich hätte nach der Ausbildung nicht an die Westgrenze gemusst. Für jeden gab es das berühmte Abschlussgespräch unter vier Augen mit dem Zugführer – einem Leutnant. Schon vorher erzählten Altgediente, dass so vertraulich getestet werden sollte, ob einer schießen würde. Ein Bekannter sagte, er werde das nicht tun, und kam an die polnische Grenze. Dort wurde auf flüchtende DDR-Bürger nicht geschossen. Es floh selten jemand Richtung Osten.

Ich hätte mich geschickter, verlogener herausreden können: psychische Probleme, noch nicht die innere Reife. Vielleicht hätte ich es so verlogen geschickt hingebogen, dass es noch nicht einmal die Studienzulassung gekostet hätte. Aber ich wollte die Armee an der Grenze hinter mich bringen. Denn an den beiden östlichen Grenzen würde man mehr schikaniert – so hieß es. An der Westgrenze war zudem die Verpflegung besser. Vor allem wollte ich nicht ins Wachregiment mit den nervenzerrüttenden 24-Stunden-Diensten. Mit den vielen Vorgesetzten, die ständig korrekt zu grüßen waren. An der richtigen Grenze würde man in den Westen blicken, die Natur genießen, manchmal schlief man heimlich auf Wacht oder suchte Pilze oder briet am Reinigungsrohr der MPi mitgeführte Knackwürste. Im eigenen Fett, das ging viel besser, als ich dachte. Natürlich alles illegal, aber kein wirkliches Problem, solange man keinen Grenzverletzer flüchten ließ.

Man hatte als Grenzsoldat mehr Freiheiten in der Dienstausübung als sonst bei »Fahne«, wie wir die Armee nannten. Sie kotzte mich schon damals an, aber der Grenzdienst schien von allen Unerträglichkeiten die erträglichste. So sagte ich im entscheidenden Prüfgespräch dem jungen drahtigen Leutnant, was ich machte, wenn ich meine Freundin mit einem anderen abhauen sehen würde: »Na, dann knalle ich die ab, da hat sie es nicht anders verdient. Und ihren neuen Freund noch zuvor.« Wenn sie mit der Mutter abhauen würde? »Genauso eine Schweinerei mir gegenüber – am besten gleich die ganze Familie, die soll nur kommen.« Wir grinsten uns zynisch an, der Offizier zeigte sich hoch zufrieden. Wir ließen einige flapsige Sätze folgen, ich fühlte mich wieder bei der Armee so richtig mies. Aber jetzt ekelte ich mich vor mir selber.

Für viele war die Armee in der DDR der erste wirkliche Schock ihres Lebens. Die Erfahrung einer sinnlos zerregelten Zeit, bei den Grenzsoldaten kam ein Leben in realer Tötungsbereitschaft dazu. Das DDR-Grenzregime mit seiner Kette von Absurditäten veränderte mich, während ich fast die gesamte Zeit der angepasste Soldat blieb.

Zwei Episoden: Ein Soldat neben mir – wir mussten immer zu zweit ausrücken, damit der eine den anderen erschießen konnte, falls der doch abhauen wollte – sagte plötzlich: »Es ist so langweilig. Käme doch endlich mal ein Flüchtling, da würde die Zeit schneller vergehen.«

Errungenschaften des
Sozialismus:
soziale Sicherheit
und verwirklichte
Menschenrechte!

Episode zwei: An einer besonders schwierig zu bewachenden Stelle der Grenze führte eine Straße direkt auf diese zu. Es war im Sperrgebiet, da kam *Propaganda der SED am Grenzzaun bei Sonneberg, 1977*
nie ein Auto. Wenn eines kommen sollte, musste rasch geschossen werden, damit es keinen Grenzdurchbruch schaffte. Neben offiziellen Befehlen gab es inoffizielle Gerüchte, sie hatten motivierende und stimulierende Funktion. Eines hieß: Die Staatssicherheit würde ab und zu Kontrollfahrten machen, um die Wachsamkeit der Posten zu testen. Also galt es, es diesen Kerlen von der Stasi mit ein paar gezielten Schüssen zu zeigen, wer zu treffen in der Lage ist. So kann Wut auf einen Teil des Machtapparates der DDR benutzt werden, um in einem anderen Teil perfekter zu funktionieren.

Für das Abgehen der Spurenanlagen brauchte es spezielle Befehle. »Auf Kinder unter 14 Jahren dürfen Sie nicht schießen.« So lautete eine der Erläuterungen zu dem Bündel von Anweisungen, die den Schießbefehl darstellten. Den gab es nicht als eine kompakte Anordnung, sondern als eine Kette von Erläuterungen, Tipps, Drohungen. Im Zweifelsfall wäre es immer besser gewesen zu schießen, als einen Grenzverletzer gen Westen ziehen zu lassen.

Die tägliche Vergatterung vor
dem Wachdienst in der Landschaft
muss als ein Befehl zum Schießen
betrachtet werden. Grenzverletzer
sind zu vernichten, war die Pointe. Oft hörten wir vor dem Ausrücken
Gruselgeschichten von hinterrücks überfallenen Grenzsoldaten. Die
Lektion: töten oder getötet werden. Wir sollten in einen permanenten
psychischen Ausnahmezustand versetzt werden. Häufig war von deser-
tierten sowjetischen Soldaten die Rede. Die waren im Grunde schon tot.
Die würden jeden töten, der sich ihnen in den Weg stellte.

Wir sollten jeden Abend Angst um unser Leben haben, damit wir
sofort schießen würden. Der Dienst an der Grenze raubte die politische
Unschuld. Er sensibilisierte oder stumpfte ab. Es sollte eben nicht nur die
Grenze zwischen zwei Staaten sein. Sondern die vor einem Zeitloch: da
die düstere Vergangenheit (Westen), hier die bessere Zukunft.

Da war es kein Wunder, dass die Erläuterungen zum Nichtschießen
auf Kinder eine Hintertür offenließen. Ich erinnere mich sehr genau an
die Sätze unseres Leutnants: »Wenn ein Kind aber älter als 14 wirkt, weil
eine Zwölfjährige zum Beispiel zu stark geschminkt ist, dann gehen Sie
beim Gebrauch der Schusswaffe straffrei aus!«

Nirgendwo drückt sich die DDR in ihrer gehemmten Brutalität so exakt
aus wie in ihrem Grenzregime. Natürlich durfte nicht wild drauflosge-
schossen werden. Über jede Patrone wurde exakt Buch geführt.

Einmal wurde in einem Nachbarregiment bei Hildburghausen ein 16-jähriger Sohn des Wirtes der Dorfkneipe erschossen. Man sagte uns, er sei alkoholisiert gewesen und habe an den Metallzaun vor dem Minenstreifen gepinkelt. Die Posten hätten das aus beträchtlicher Entfernung als Fluchtversuch gedeutet und, da er nicht auf Anruf reagierte, geschossen. Für die Kompanie gab es eine Weile Ausgangssperre, das tötende Postenpaar wurde sofort versetzt und wegen vorbildlicher Pflichterfüllung ausgezeichnet. Damals wurde jedem klar: Wer an der Grenze einen Flüchtling oder vermeintlichen Flüchtling tötet, sichert den Frieden, wird von seiner Armee gedeckt und vom Staat dekoriert.

Die Mehrheit in unserer Kompanie war ein, zwei Tage lang stiller als sonst. Einer sagte: Hoffentlich bekomme ich nie solchen Urlaub. Ich hatte mir vorgenommen, in so einem Fall deutlich vorbeizuschießen. Bei der Ausbildung produzierte ich schlechte Ergebnisse im Schießen.

Der Text erschien zuerst in: *Rheinischer Merkur*, 16. August 2007.

ULRICH SCHACHT

Die Lüge eine Last und die Wahrheit ein Ziel.

Spuren einer Freiheitssuche

I

Perikles sagt: »Das Geheimnis des Glücks ist die Freiheit; das Geheimnis der Freiheit aber ist der Mut.« Er sagt es, überliefert vom Historiker Thukydides, in seiner Rede als Stratege im Amt zu Ehren der Gefallenen am Ende des ersten Jahres des Peloponnesischen Krieges vor zweieinhalb Jahrtausenden, in dem sich die griechischen Stadtstaaten, allen voran Sparta contra Athen, gegenseitig mit Vernichtung überzogen und der mit ihrer Kultur verbundenen Humanitätsidee so für lange den Laufpaß gaben, und er sagt es bis heute.

Wann jedoch wissen wir um diese Logik? Wann *ich*, der einzelne, der nicht darüber entscheidet, zu welchem Zeitpunkt er das Licht der Welt erblickt, an welchem Ort, in welchen geschichtlichen Umständen? Wann also, heißt das, wissen wir davon *außerhalb* aller Historienbücher, Mythen, Märchen und Sagen, in diesem Falle des klassischen Altertums? Wann erreicht uns und unser Bewußtsein die Botschaft in der ganz eigenen, ureigenen Geschichte: in der Privat-Geschichte, die unseren Namen trägt, im Rahmen der Welt-Geschichte, der wir namenloses Partikel sind?

Und wenn sie uns in unserer eigenen Geschichte endlich erreicht, erreicht sie uns dann in der Rolle des Sklaven, der um seine Freiheit kämpft, des Freien, der seine Freiheit verteidigt? Oder einfach nur in der des illusionär Behüteten, dem das Vermögen fehlt, aus welchen Gründen auch immer, sich vorzustellen, wie sehr die Sätze des Perikles in *jede* Gegenwart hineingesagt sind.

Und wie sehr der Abstand einer Gesellschaft und Zeit dazu und also zum Heroischen, das hier in seiner *elementaren* Notwendigkeit angeschlagen wie bewiesen wird, *nichts* über diese immerwährende Notwendigkeit aussagt, aber alles über die, die nur einer weiteren Variante des politischen Aberglaubens an endgültige Verhältnisse verfallen sind. Die sich also darin gefällt, der Welt und ihrem Schicksal die Pointe vorweggenommen zu haben – als wäre die Welt tatsächlich der Spiel-Raum ausgerechnet irdischer Pointen!

II

Am 14. Dezember 1970 notiere ich, der aus Wismar stammende, frisch immatrikulierte Student der evangelischen Theologie an der Universität Rostock, in mein Tagebuch:

»Allmählich glaube ich daran, daß es möglich ist, eine entschlossene Gruppe zu bilden, sie aufzubauen und fähig zu machen für entscheidende Aktionen, von denen wir glauben, daß wir sie brauchen, weil erst mit ihrem Anfang der Startschuß für den Lauf um das wirkliche Leben abgegeben wurde und wird. Einmal, wissen wir, muß dieser Lauf beginnen, und es scheint so, als ob die Chance zum Beginnen immer näher, immer mehr auf uns zukommt …

Nicht jeder sieht diese seine Chance, nicht jeder rechnet mit ihr, und darum mutet unser Vorhaben, gemessen am Konformismus des lebenden Bürgers, irreal an … Es kann gar nicht anders sein. In einer Umwelt, in der die Lüge über alles herrscht und darum auch alles beherrscht, alles manipuliert, muß es komisch und irreal anmuten, wenn Individuen auftauchen, die lauthals das Gegenteil der Lüge, nämlich die Wahrheit, verkünden …

»Bereit, alle Konsequenzen tapfer zu ertragen« – Ulrich Schacht 1972, wenige Monate vor der Verhaftung durch die Stasi.

Und je lauter sie reden, je aktiver sie werden und handeln, um so gefährlicher wird ihr Leben – um so mehr gefährden sie sich und ihre Freiheit. Das alles wissen wir. Aber wir meinen, daß man das in Kauf nehmen muß, sonst hat die ganze Tätigkeit nicht den rechten Sinn, wenn sie sich in einer verlogenen Umwelt im Rahmen des noch Möglichen bewegt. Automatisch wird sie dann nämlich ein Glied in der Lügenkette, die zwar vergoldet, aber trotzdem noch eine Lügenkette ist. Diese vergoldete Kette ist die Pseudowelt, mit der man in der Propaganda unsere Wirklichkeit umgibt, umgarnt ...

In diese Situation hinein wird eine Gruppe geboren – eine Gruppe, die aus Menschen besteht, die erkannt haben, wo das Übel in der sie umgebenden Umwelt steckt, die aber auch, schlußfolgernd, bereit sind, gegen das Übel anzutreten ...

Wir hoffen, daß wir den Anforderungen der Wahrheit gerecht werden, daß wir sie mit unseren Mitteln wirklich verkünden und daß wir bereit sind, diesen Dienst und alle seine eventuell entstehenden Konsequenzen tapfer zu ertragen.«

Was hat mein Denken vor fast vierzig Jahren so sehr auf die Spitze getrieben, daß ich – ein knapp zwanzigjähriger Theologiestudent der zum zweiten Mal seit ihrer Gründung 1419 politisch ins Totalitäre gleichgeschalteten *Alma mater rostockiensis* – mein Leben dermaßen ins Unbedingte hineinragen lassen wollte, wo es dort doch zugleich in der Gefahr stehen würde, gebrochen, ja abgebrochen zu werden?

Abgebrochen auf dem schmalen Plateau biographischer Vorzeitigkeit, das alle mir Nahestehenden nur als unnötiges Unglück hätten deuten können, als Verhängnis einer an den gesellschaftlichen Zuständen erkrankten Seele. Als romantische Verirrung eines jungen Menschen, der kämpfen zu müssen meinte, wo es sich gar nicht lohnte zu kämpfen, weil die Dinge so wären, wie sie seien, weil man nichts machen könne gegen die Macht der Epoche und ihre epochale Gewalt. Weil das Objekt des Kampfes das Opfer, das man gegen es erbringen müßte, niemals wert wäre.

Es gäbe auch jene andere biblische Weisheit, der zufolge man zwar ohne Falsch sein solle wie die Tauben, aber eben auch klug wie die Schlangen. Es gab damals viele Kluge, die das erste Tier im Weisheitsspruch allerdings bald aus dem Sinn verloren. Was blieb, war die Fähigkeit der Schlangen, sich zu häuten.

III

Der freie Wille des Menschen wird nicht erst seit heute bestritten, doch heute besonders: Neurowissenschaftler liefern seit einiger Zeit verstärkt empirische Argumente für die These, daß der freie Wille des Menschen reine Fiktion sei, fern jeder biochemisch-evolutionären Realität. Alle unsere Reaktionen, auch die, die wir bewußte Entscheidungen nennen, seien immer schon *vorgeformte*.

Aber diese ebenso dürftige wie absolutistische Neuro-Philosophie, die uns im entscheidenden Moment im Kern zu enteignen trachtet, ist kaum anderes als eine Fortschreibung jener radikal-aufklärerischen Position, wie sie sich 1749 in der Schrift La Mettries entfaltete: »Der Mensch eine Maschine«: Ob ein und derselbe Mensch unerschrocken, verzagt oder feige ist, macht La Mettrie daran fest, ob dessen Milz verstopft sei, dessen Leber, dessen Pfortader, also ausschließlich daran, ob die Maschine stottert oder nicht.

Das kann man glauben; es wäre aber nur die Karikatur eines organischen Menschenbildes, in dem die Möglichkeit eines freien Willens durchaus nicht gegen seine natürliche Basis gedacht werden muß. Der Biologe Adolf Portmann hat dafür schon in den sechziger Jahren den Begriff der »basalen Anthropologie« geprägt. Was wir wollen, heißt das, *können* wir wollen; wir müssen es aber nicht wollen. Der Spiel-Raum dazwischen mag ein Zeitfenster sein, das nicht geöffnet ist; *wenn* es jedoch geöffnet wird, durch uns, durch andere, durch den Windstoß des Himmels oder den Gluthauch der Hölle, sind wir *frei*, frei hinauszugehen – hinaus in die andere Möglichkeit, die eben noch unmöglich schien. Und was immer danach geschieht, wir sind an einem anderen Punkt als zuvor, der unserer Existenz Wesentliches hinzufügt, der sie einfügt in einen anderen, einen neuen, einen erweiterten Zusammenhang. Der sie atmen sieht auf einer anderen Höhe, selbst wenn es ein letzter Atemzug wäre.

Vor solchem Hintergrund hat Cesare Pavese einmal in sein Tagebuch notiert: »Wir sind auf der Welt, um das Schicksal in Freiheit zu verwandeln.« Damit hat er unendlich mehr ausgesagt über unser Vermögen zur Freiheit, als sich ein einfältiger Materialismus vorzustellen vermag. Er hat *die* geistige Bewegung eingefordert, ohne die wir tot sind schon vor dem Tod.

IV

Vier Tage nach jener Tagebucheintragung im Dezember 1970 über die Notwendigkeit, eine Gruppe von Menschen zu bilden, denen die Lüge eine Last und die Wahrheit ein Ziel ist, für das es zu handeln sich lohnt, notiere ich in dasselbe Tagebuch die Praxis, die dem Selbstaufruf folgt, in einer Gesellschaft, die solcher Praxis ausschließlich mit dem Paragra-

phen 106 ihres Strafgesetzbuches antwortet. Ein Paragraph, der jeden
Gegen-Gedanken zu ihren eigenen – offen oder verborgen geäußert – in
»staatsfeindliche Hetze« verwandelt und mit Haft bis zu zehn Jahren
belegt, weil sie eine Diktatur ist: »Heute haben wir die Sendung über
Dubček gehört. Wir vier tranken auf diesen großen Menschen mit dem
ehrlichen Wunsch im Kopf und im Herzen, daß die Idee, die Alexander
Dubček lebendig verkörperte, einmal siegen und die Geschichte der
Richter sein wird … Der Prüfstein unserer Generation, ich meine meiner
Generation, ist die ČSSR '68 …

Niemals werde ich die Erlebnisse in Prag 1968 vergessen. Niemals
die Ereignisse in den Tagen des Augusts. Niemals werde ich die Menschen und ihre Meinungen vergessen. Niemals Josef Smrkovsky, wie er
zwei Meter von mir entfernt stand, des Nachts, und in einer großen
Menschenmenge diskutierte. Er. Allein. Und niemals vergesse ich die
unglaublichen Lügen der Vernichter und Dulder, die den Prager Frühling sterben ließen … Die Wahrheit zu verteidigen ist unsere Aufgabe –
nichts anderes!«

Karl Jaspers sagt in seinem Hauptwerk *Von der Wahrheit*: »Überzeugung ist Gewißheit von einer Wahrheit, die ich nicht beweise und nicht

erzwinge, sondern lebe und mitlebe ... Das Merkmal echter Überzeugung aber ist, daß der Mensch für sie sterben kann.«

Niederschlagung des Prager Frühlings durch sowjetische Truppen – ein Mann kümmert sich um Verletzte und Tote, die vor einem sowjetischen Armeefahrzeug liegen, 21. August 1968

Vom Zeitpunkt meiner Tagebuchnotiz zu Ehren Dubčeks und seiner mit ihm in öffentlicher Verdammnis und geheimdienstlich organisierter Isolation verschwundenen Schicksalsgefährten dauerte es noch zwei Jahre und drei Monate, bis auch ich unter ganz anderen Bedingungen (die zugleich nur eine verschärfte Variante der bis dahin für alle gültigen waren) den Beweis antreten konnte, ob ich der tieferen Logik meiner verborgenen Selbstermutigung, der geschichtlich gewordenen Wahrheit, um die es ging, gerecht zu werden vermochte.

Gerecht im Sinne eines Standhaltens inmitten von Umständen und ihren Erschaffern, die darauf abzielen und spekulieren, daß dir der Boden unter den Füßen wegbricht. Wie in einem tektonischen Riß, der sich auftut und dich verschlingt und du die Wahrheit, deine, die nicht die ihre ist, abwirfst wie ein gefährliches Übergewicht, um wiederaufzusteigen an die Oberfläche aller und ihrer Allerwelts-Wahrheit. *Standhalten* im Absturz: das ist aber eine Übung, die wir erst im Prozeß des Geschehens selber einzuüben vermögen, und was unser ureigenes Vermögen dabei betrifft, eben darüber streiten die Gelehrten seit langem.

Nach allem, was ich davon weiß, seit dem 29. März 1973, dem Tag, an dem ich, zweiundzwanzigjährig, verhaftet wurde, trifft der theologisch gefüllte Begriff der *Gnade* hier am genauesten die Wirklichkeit: *halten wir stand im Absturz.*

Denn das, was ich will in diesem Moment, ist dem, was geschieht, nicht gewachsen – nie und insofern nicht, als es geschieht ohne mein Wollen, ja im radikalen Gegensatz dazu. Wenn der Boden dennoch bleibt, obwohl er bricht, existieren wir aber in einer Figur, die in den Drehbüchern der Regisseure der Untergangs-Inszenierung nicht vorgesehen ist: Eine Aura umgibt uns, hinter der wir von keiner Drohung mehr erreichbar sind. Eine Kraft durchflutet uns, die keine Verformung zuläßt.

Diesen Schutzschild haben wir uns aber nicht selbst geschmiedet, und dieses Licht, in dem wir stehen, kommt nicht von uns – vielmehr geschieht, so glaube ich, was Luther schon 1517 mit der ihm eigenen Radikalität erkannte: »Die beste und unfehlbare Vorbereitung und die einzige Befähigung zur Gnade ist die ewige Wahl und Vorherbestimmung Gottes. Von seiten des Menschen aber geht der Gnade nichts als Unfähigkeit, ja Empörung gegen die Gnade voraus.«

Der Sinn dieser dialektischen Einsicht, die ihr Wissen aus Quellen schöpft, die hinter aller Zeit und Geschichte ihren Ursprung haben, besteht aber gerade nicht, wie man mißverstehen könnte, in einer totalen Entmündigung des Menschen im entscheidenden Moment. Er besteht, im Gegenteil, im Schutz desjenigen vor falscher Stärke, der zwar stark ist, wird oder bleibt, weil er sich »im Stande der Gnade« (Luther) weiß, nicht aber im Stande der gnadenlos Starken, denen er gerade widersteht: Er wird zum Gegen-Über, nicht jedoch zum Über-Gegner.

Den »Maskeraden des Bösen« und ihrer Schein-Stärke, von denen Bonhoeffer im Tegeler Gefängnis sprach, schließt er sich gerade nicht an: »Weder beleidigte Kritiker noch Opportunisten wollen und dürfen wir sein, sondern an der geschichtlichen Gestaltung – von Fall zu Fall und in jedem Augenblick, als Sieger oder als Unterlegene – Mitverantwortliche. Wer sich durch nichts, was geschieht, die Mitverantwortung für die Geschichte abnehmen läßt, weil er sie sich von Gott auferlegt weiß, der wird jenseits von unfruchtbarer Kritik und von ebenso unfruchtbarem

Opportunismus ein fruchtbares Verhältnis zu den geschichtlichen Ereignissen finden ... Ich glaube, daß Gott uns in jeder Notlage soviel Widerstandskraft geben will, wie wir brauchen. Aber er gibt sie nicht im voraus, damit wir uns nicht auf uns selbst, sondern allein auf ihn verlassen.«

V

Am 29. März 1973, gegen sieben Uhr morgens an diesem Tag, bin ich Franz K.: ein verhafteter Mensch. Jetzt ist eingetreten, was lange zu erwarten war, aber dennoch schockiert – wie Eiswasser auf nackter Haut mitten im Winter. Das Gefängnis, in das ich gebracht werde, liegt in Schwerin und wird vom Geheimdienst betrieben. Nie hatte ich es übersehen, wenn ich in der Stadt war; seine böse Aura hatte mich jedoch immer weniger abgeschreckt. Einmal war ich, die tschechoslowakische Fahne mit Trauerrand sichtbar am Kragen meiner Lederjacke, haarscharf an seinen Mauern vorbeigelaufen. Doch jetzt lief ich in einem Anstaltsanzug aus verblichener Armeekleidung *in* seinen Mauern vor einem Uniformierten her, der mich mit dem Ruf: »Eins, mitkommen!« aus der Zelle befohlen hatte und nun durch die dämmrigen Flure des Vernehmungstraktes trieb, in denen rote Warnlampen aufleuchteten, über Treppen hinab, immer tiefer, in einen Raum fast unter der Erde, in dem ich erwartet werde – von drei Gesichtern, die mich mustern wie ein gefangenes Tier, die ich aber schon kenne: Ihre Träger gehörten zum achtköpfigen Festnahmekommando, das mich wenige Stunden zuvor aus meiner Wismarer Wohnung abgeholt und anschließend hierhergebracht hat.

Ich muß auf einem Stuhl Platz nehmen, der an der Wand gegenüber einem Schreibtisch steht, hinter dem noch niemand sitzt. Die Männer fixieren mich, tasten mich mit rohen Blicken nach Schwächen ab, zischen sich Beobachtungen zu – ich aber starre, durch sie hindurch, nach innen, verberge das Zittern meiner Seele, den rasenden Gedankenwirbel im Kopf, und sitze dennoch vor ihnen »im Stand der Gnade«: unerreichbar für ihre Augen, denen der Haß wie eine Droge die Pupillen erweitert. Zugleich wirken sie seltsam lächerlich in ihrer hohlen Mächtigkeit, grotesk in ihren schlecht sitzenden Anzügen, peinlich in ihrer geistigen Dürftigkeit: Häscher eines Regimes, das Häscher von diesem Format nötig hat, als Regelgestalt, nicht als Ausnahme:

»Sie sind also ein Dubček-Freund?!« Der das in meine Richtung fragt, blickt mich dabei an wie einen Haufen Dreck und tauscht mit seinen Kumpanen zugleich ein hämisches Grinsen aus. Dann lauern sie. Auf eine Antwort. Auf meine. Vielleicht haben sie vorher eine Wette abgeschlossen: Drei Bier gegen mein Schweigen, sechs gegen ein Nein, zwölf gegen ein Ja! Höchstgewinn für das Unwahrscheinlichste in diesem Moment. So ist das beim Pferderennen, beim Hundehetzen, beim Hahnenkampf. »Ja«, sage ich plötzlich in die Totenstille und spüre, wie nun auch die Luft im Raum gefriert. »Ja???«, höre ich den Frager erneut, meine kurze Antwort in ein böses, anhaltendes Echo verwandelnd, und dann: »Da haben Sie wohl auf das falsche Pferd gesetzt?!« Jetzt amüsieren sie sich, die Häscher: breit, ungehemmt, endsieglüstern.

Doch mitten in ihr Amüsement hinein geschieht etwas, womit sie in dieser Sekunde nicht rechnen können und ich zuvor nicht gerechnet habe: Ich erhebe mich, obwohl ich sitzen bleibe auf meinem Stuhl an der Wand, um weder laut noch leise, nur klar und deutlich, um »im Stande der Gnade« zu erwidern: »Hoffentlich sitzen Sie auf dem richtigen!«

Was nun kommt, ist das Gebell rasend gewordener Wachhunde, die dennoch an der Leine liegen, aber die Zähne blecken und Köpfe schleudern, im Souterrain der Schweriner Zentrale des allmächtigen Geheimdienstes der allmächtigen Partei, daß die Grünpflanzen im Topf auf der Fensterbank erzittern. Doch es ist zu spät: Das Gebell dröhnt ins Leere. Gesagt ist gesagt. Das Menetekel gesprochen. Und der Vernehmer kommt, er hat es noch gehört, und das Häscherkommando muß gehen, und der blonde Herr Hauptmann mit den intelligenten Zügen im schmalen Gesicht versteht die ganze Aufregung nicht, man müsse ja nun für die nächste Zeit miteinander auskommen, weil es so sei wie es sei. Er hat eine andere Strategie. Sie entspricht seinem Wesen, wie ich später, viel später erfahren werde: aus den geretteten Akten. Aus den Akten über mich: Ermittlungsakten, Verhörprotokolle, Einschätzungen, und aus den Akten über ihn selbst: Kaderakten, die seinen Werdegang im Geheimdienst dokumentieren, seine Charaktereigenschaften, seinen Versuch, sauber zu bleiben im unsaubersten Gewerbe der Diktatur, der er dennoch dient, bis zum Schluß.

VI

Fast ein Jahr lang, bis zum Februar 1974, werden wir nun, der Hauptmann des Geheimdienstes, *mein*, und ich, *sein* Feind, so miteinander sprechen: freundlich, fast geduldig, was ich in diesen Minuten natürlich noch nicht weiß. Und auch über Dubček und den Prager Frühling werden wir sprechen, doch das weiß ich wie nichts anderes in dieser Stunde. Und weitere Jahre wird es dauern, bis ich am 17. November 1976 die

Welt, in die ich soeben eingetreten bin, wie durch einen Zeittunnel wieder verlassen kann: in den anderen Teil des gespaltenen Landes, dem *offenen* hinter dem eisernen Horizont, den die Propaganda zum »antifaschistischen Schutzwall« erklärt hatte. Ihm und seiner Menschentötungs-Logik – bis ins Maschinenhafte der Selbstschußautomaten – hatte ich in Gedichten, Geschichten und Essays die Legitimationsgrundlage bestritten, nun gehörten sie zum Anklagematerial.

Aber welche Freiheit hatte ich gewonnen in diesem Verlust? Welchen Sieg in dieser Niederlage? Das waren Sisyphos-Fragen, wie sie Camus dem griechischen Mythos gestellt hat. Mit seiner Antwort konnte auch ich überleben.

Sein schmales Werk gehörte deshalb zum Kostbarsten meiner damaligen Bibliothek, das nun, wie viele andere Bücher daraus, durch Beschlagnahme verlorengegangen war, registriert in einem Endlosprotokoll politisch sanktionierten Bücherdiebstahls. Nicht zu rauben daraus aber war der entscheidende Satz für mich, dem offensichtlich Absurden nicht nur doch noch, sondern ein für allemal und also radikal zu entkommen: »Der Kampf gegen Gipfel vermag ein Menschenherz auszufüllen. Wir müssen uns Sisyphos als einen glücklichen Menschen vorstellen.«

Das galt bis zum Herbst 1989. Dann fiel die Mauer, und auch in Prag siegte die Revolution, eine weitere unblutige, die »samtene«, wie sie genannt wurde. Das Bild von Havel und Dubček, Arm in Arm auf dem Balkon eines berühmten Verlagshauses am Prager Wenzelsplatz vom 26. November 1989, ging um die Welt: der gerade aus dem Gefängnis entlassene designierte neue Präsident des Landes und der aus zwanzigjähriger Isolation Befreite alte und neue Präsident des Bundesparlaments der Föderation der Tschechen und Slowaken. Bis heute kann ich mich an diesem Bild nicht satt sehen: Reiner Beweis für den unkündbaren Sinn jenes Satzes des Perikles, daß das Geheimnis des Glücks die Freiheit ist, aber das Geheimnis der Freiheit der Mut.

Daß ich am 17. April 1991 dann selber vor Dubček stand, grenzt an ein Wunder. Es geschah, weil mein Freund, der mährische Poet Jiří Gruša – nach dem Umsturz in Prag Botschafter der Föderation der Tschechen und Slowaken in Deutschland und Gastgeber des neuen Parlamentspräsidenten Dubček in Bonn –, mich zu dieser Begegnung eingeladen hatte, um ihm meine Geschichte zu erzählen, die so stark mit ihm zu tun hatte.

»Der einzige lebende Politiker, dem ich jemals Gedichte gewidmet habe.« Ulrich Schacht mit Alexander Dubček in Bonn, 1991

Und während er erzählte, ergriff der einzige lebende Politiker, dem ich jemals Gedichte gewidmet habe, mit beiden Händen meine Hände und hielt sie fest: lange und innig. Es waren jene Hände, die er auf dem berühmten Foto vom 1. Mai 1968, das ich so sehr liebte, mit dem doppelten Daumendruck des Glücks den Menschen seines Volkes entgegengestreckt hatte – vor einem Gesicht unendlicher Freude.

DIETMAR RIEMANN

Ich wollte nicht mehr mitmachen.

Geschichte einer Verweigerung

Als junger Fotograf, ich war gerade 22 Jahre, bekam ich im Sommer 1972 eine Stelle im Braunkohle-Großkraftwerk Boxberg, einem sozialistischen Vorzeigebetrieb, der sich noch im Aufbau befand. Ich war hoch erfreut – raus aus dem vermieften Handwerk, teilnehmen an scheinbar gesellschaftlich Relevantem. In Boxberg baute ich sehr engagiert eine Fotoabteilung auf, und mit noch mehr Begeisterung gründete ich nebenbei einen betrieblichen Fotozirkel.

Die Zeichen der Zeit ließen mich hoffen: So konnte man die Grenze ins nur wenige Kilometer entfernte Polen problemlos passieren, indem man lediglich seinen Personalausweis vorzeigte. Eine »Errungenschaft«. War das nicht wie im neidisch beäugten Westen Deutschlands, zunehmend weltoffen? Und wirtschaftlich schien es ebenfalls aufwärtszugehen, in diesen Jahren des »Aufbruchs« mit dem neuen Staats- und Parteichef Erich Honecker. Zukunftsfroh kam mir das Leben damals vor.

Mit raffinierten Fotos vom DDR-Superkraftwerk, auf die ich natürlich stolz war, konnte ich etliche Preise gewinnen, auch internationale. Zu den Weltfestspielen der Jugend und Studenten im Sommer 1973 in Ost-Berlin wurde ich von meinem sozialistischen Kollektiv als Fotograf delegiert. Das war eine Auszeichnung. Das pompös inszenierte Fest der Machthaber war wie ein Rausch für mich. Ich war ein dem »real existierenden Sozialismus« zugeneigter Zeitgenosse – ein kleinbürgerlich angepaßter DDR-Bürger.

Das ging in diesen Jahren auch anderen so: Ein Kindheitsfreund ging damals sogar in die SED. Er dachte ernsthaft, an gesellschaftlichen Prozessen mitwirken zu können. Er konnte sich natürlich nicht einbringen. Ein paar Jahre später ist er deprimiert wieder aus der Partei ausgetreten. Das hat ihm als Medizinstudenten kurz vor dem Abschluß die Karriere gekostet.

Unmittelbar nach meiner Rückkehr von den imposanten Spielen in der »Hauptstadt der DDR« trat der Geheimdienst an mich heran, die Stasi, im Volksmund auch »Firma« genannt. Man wollte mich als Spitzel gewinnen. Genosse Winter, ein für das Kraftwerk zuständiger Verbin-

»... teilnehmen an scheinbar gesellschaftlich Relevantem.« Der junge Fotograf vor dem Kraftwerk Boxberg.

dungsoffizier der Stasi – der mit seiner Funktion auch bei fast allen Werksangehörigen bekannt war –, kam unauffällig auf mich zu und bat dringend um ein Treffen außerhalb des Werks. Man sollte mich nicht mit ihm sehen oder gar in »geschäftlichen« Zusammenhang bringen. Ich sah trotz Magendrückens keine Möglichkeit, die Zusammenkunft abzulehnen. Vielleicht wollte ich auch keine sehen.

So trafen wir uns abends in den Räumlichkeiten der Fotoabteilung, die sich in einer Wohnsiedlung (Neubaublöcke) am Rande des Kraftwerks befand, im Dorf Boxberg. Bei unserem ersten Treffen machte mir mein Gegenüber schmeichelhafte Offerten: Ich sei ein äußerst engagierter Mitarbeiter des Kraftwerks und zudem ein exzellenter Fotograf. Man wisse das zu schätzen. Ich sei ein Mann, der das Vertrauen seiner Kollegen genieße und beliebt sei. Und an meiner Loyalität gegenüber der DDR sei nicht zu zweifeln.

Man benötige meine Mitarbeit als Informant und als Fotograf. Man würde mir die Zielobjekte benennen und mir die auf Veranstaltungen zu fotografierenden Personen rechtzeitig zeigen. Ich würde nicht auffallen, da ich sowieso der offizielle Fotograf des VEB (Volkseigenen Betriebs) sei. Ich würde ja für die Werkzeitung des Großunternehmens (mit Tausenden von Arbeitern und Angestellten) fotografieren. Meine Informationen dienten der Sicherheit des Betriebes und unseres Landes und damit natürlich dem Weltfrieden, erklärte mir der Genosse weiter. Ich müßte nur eine schriftliche Verpflichtung zur Mitarbeit unterschreiben. Dann würde ich einen Decknamen erhalten.

Wie sollte ich da widersprechen? Mitmachen wollte ich auf keinen Fall. Ich war sehr erschrocken über das Ansinnen der Staatsmacht, mich zum Judas zu machen. Alles roch nach Verrat, Ekel kam in mir auf. Ich bat um Bedenkzeit.

Dieses erste konspirative Treffen löste bei mir erstmalig ein ernsthaftes Nachdenken über unsere Gesellschaft aus. Ich war zwar christlich, aber leider unpolitisch erzogen worden. Nun wußte ich auf einmal nicht mehr, ob ich die DDR achten oder doch eher verachten sollte.

Die zweite Zusammenkunft war von Lockangeboten geprägt, ich sollte weichgeklopft werden: Mein Einsatz würde sich durchaus für mich lohnen, versicherte mir der Stasi-Leutnant. Abgesehen von Aufbesserungen meines kleinen Fotografengehalts seien beispielsweise begehrte Reisen in sozialistische Bruderländer möglich, an die man normalerweise nicht ohne weiteres herankomme.

Ich versuchte krampfhaft, mit meiner christlichen Erziehung dagegen zu argumentieren. Ich sei schließlich in der Jungen Gemeinde meiner Kirche fest verankert. Aber genau diese Kreise seien ja für das Ministerium von zusätzlichem Interesse, machte mir Genosse Winter sofort klar. Ich habe mich gewunden und herausgeredet, so gut ich konnte. Ich sei eine Plaudertasche, die nichts für sich behalten könne, habe ich gesagt. Natürlich zog auch dieses Argument nicht.

Es folgten weitere Treffs, zuletzt verbunden mit Drohungen: Man könne auch anders, man wisse einiges, das man gegen mich juristisch verwenden könne. Dabei ließ der Stasi-Mann diese mich angeblich belastenden »Dinge« in einem unausgesprochenen Nebel. Ich wurde unsicher und bekam immer mehr Angst.

In dieser Bedrängnis offenbarte ich mich einem Mitglied meines Fotozirkels, dem Kraftwerksingenieur Manfred Paukert. Ich wußte, daß er das Staatsgefüge DDR zutiefst verachtete. Der um einige Jahre ältere half mir mit einer grandiosen Idee.

Auch bei der nächsten »Aussprache« verblieb ich, wie mit Herrn Winter vereinbart, nach Feierabend in meinen Dienströumen, die auch der Treffpunkt für unseren Fotozirkel waren. Bei Einbruch der Dunkelheit kam der Genosse. Kurze Zeit später klingelte es erneut an der Tür. Ob ich jemand erwarte, fragte Leutnant Winter. Ich verneinte. Ich durfte nicht öffnen und mußte das Licht ausmachen. Als das heftige Klingeln nichts brachte, klopfte mein Fotofreund Manfred immer lauter gegen die Tür. Schließlich rief er durch das hellhörige Treppenhaus des Plattenbaus, daß ich aufmachen solle, er wisse, daß ich da sei.

Nun sollte ich den ungebetenen Besucher schleunigst abwimmeln, aber keinesfalls hereinlassen. Ich öffnete die Tür einen Spalt und bat Manfred lautstark wieder zu gehen, da ich grad keine Zeit hätte. Er lachte schallend, schob mich zur Seite und stürmte in unser Fotoatelier. Dort saß völlig erstarrt Stasi-Mann Winter mit bleichem Gesicht. Mein Helfer sah ihn kurz an, drehte sich zu mir um und sagte, es sei ja sehr interessant, mit wem ich da verkehre. Gut zu wissen, meinte er lächelnd. Genosse Winter sprang auf und verließ das Haus. Seine Zigaretten ließ er liegen, die rauchten wir dann noch genüßlich.

Mit der Selbstenttarnung endete für mich der Werbevorgang nach neun Monaten im Frühjahr 1974. Manfred Paukert stellte gleich nach der ersten KSZE-Konferenz in Helsinki 1975 einen Ausreiseantrag und durfte die DDR bald darauf verlassen.

Anfang 1975 wechselte ich von Boxberg nach Ost-Berlin, als Architekturfotograf zur Deutschen Bauakademie. Hier hatte ich noch einmal aufdringlichen Anwerbeversuchen zu widerstehen – erst Begehrlichkeiten der SED und nachfolgend der Ost-CDU.

Ein paar Jahre später arbeitete ich im Fotoatelier meiner Frau mit. Die Stasi fand in dieser Zeit »mehrere Anhaltspunkte, aus denen man schlußfolgern konnte, daß es sich bei dem bis 1986 betriebenen Fotogeschäft Riemann in Berlin, Friedrichstraße 166, um einen gegnerischen Stützpunkt (Deckadresse) handeln könnte«.

Im Januar 1986 – ich hatte inzwischen Kunst studiert, war Freiberufler geworden und hatte mehrere Bücher veröffentlicht oder daran mitgearbeitet – stellte ich zusammen mit meiner Frau einen Ausreiseantrag. Das Maß war voll. Erst nun, mit 36 Jahren, war ich politisch einigermaßen reif. Ich wollte nicht mehr mitmachen, auch nicht mehr schweigend zuschauen. Und unserer erst sieben Jahre alten Tochter Hella wollten wir unser Eingemauertsein nicht lebenslänglich zumuten.

Wir hatten keinerlei wirtschaftliche Gründe für unser Begehren, in den Westen zu gehen. Uns ging es in dieser Hinsicht gut, sehr gut sogar. Als Fotograf, der fast ausschließlich für Buchverlage arbeitete, verdiente ich überdurchschnittlich. Zudem besaßen wir ein geerbtes wunderschönes Grundstück mit Einfamilienhaus, am Rand von Berlin gelegen, in der Nähe des Müggelsees.

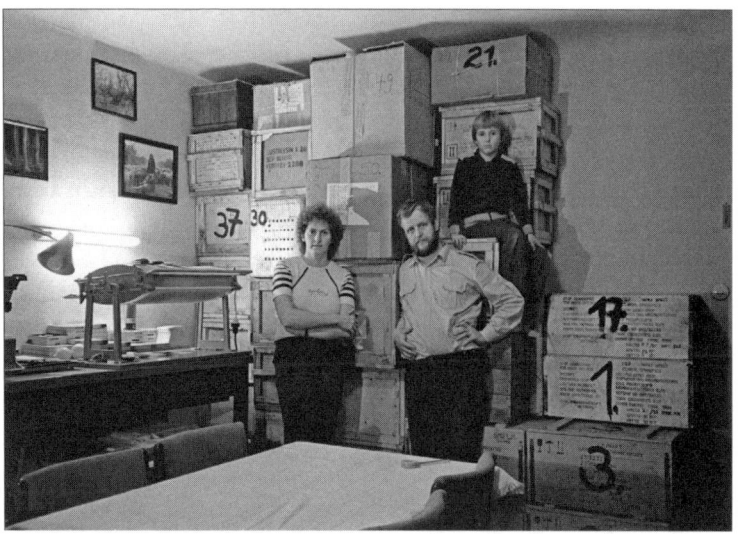

In der Terminologie der DDR-Bürokratie wurde der »Antrag auf ständige Ausreise ins nichtsozialistische Ausland« und die damit ver-

»Das Maß war voll.« – Familie Riemann nach ihrem «Übersiedlungsersuchen« vor gepackten Umzugskisten, 1986

bundene »Entlassung aus der Staatsbürgerschaft« der DDR »Übersiedlungsersuchen« genannt. Es war in der Tat nur ein Ersuchen, einen Rechtsanspruch hatte man nicht. Die Antragsteller wurden als »negativ-feindliche Elemente« kriminalisiert. Manche Ausreisende haben zehn Jahre um ihre Entlassung gekämpft. Meine Frau, meine Tochter und ich warteten fast vier Jahre. Ende September 1989 durften wir endlich gehen.

Sein Eigentum – Grundstück, Haus, Sparguthaben, sogenanntes Kulturgut der DDR usw. – verlor man als Übersiedler in aller Regel. Das wußte man vorher. Manch ein Antragsteller hat mehr verloren, etliche sind zerbrochen. Ich denke an meinen Freund Fritz Schaarschmidt, einen Elektromeister aus Dresden, dessen Frau Sigrid sich das Leben nahm.

Unmittelbar nach dem Entschluß, einen Ausreiseantrag zu stellen, fing ich an, Tagebuch zu schreiben. Ich wollte ein Dokument schaffen, das stellvertretend für viele Ausreiser festhält, was uns widerfährt. Ich ahnte ja, was auf uns zukommen könnte. Nicht wenige Antragsteller wurden verhaftet und verurteilt – wegen »Beeinträchtigung staatlicher Tätigkeit« und ähnlichem.

Selbst im engsten persönlichen Umfeld gab es Menschen, die nach unserer Antragstellung auffällig Abstand nahmen, als würden wir die Pest verbreiten. Man fürchtete wohl um das eigne Fortkommen. Ein Kollege aus dem Künstlerverband der DDR zum Beispiel, ein bekannter Fotograf, wechselte plötzlich die Straßenseite, wenn er mich sah. Auch meine Eltern konnten unser Ausscheren aus der Gesellschaft nicht nachvollziehen: »Euch geht es doch so gut, ihr habt doch alles …«

Es gab Menschen, die uns halfen: Mein Freund Manfred Lösch, ein Elektromeister, half, Tagebücher und Foto-Negative nach West-Berlin zu schmuggeln. Der West-Berliner Gymnasiallehrer Peter Melcher brachte Briefe an westliche Institutionen über die Grenze, Hilferufe. Diese Briefe hatten wir vorher abfotografiert. Die Negative nahm Peter mit nach drüben, versteckt im Schuhabsatz, in der Streichholzschachtel oder im Wurstbrötchen.

Die vollgeschriebenen Tagebücher versteckte ich zunächst unter Kohlen im Keller, das aktuelle Exemplar im Bauch einer alten Plattenkamera. Gleichzeitig machte ich heimlich Fotos, mit einer kleinen, schwarzen Kamera, die ich mir aus Westdeutschland hatte kommen lassen. Ich fotografierte Propagandasprüche und halbleere Schaufenster, den tristen Alltag dieses kranken Staates. Ich meinte, in diesen Bildern der Deutschen Demokratischen Republik die Befindlichkeit ihrer eingesperrten Bürger widerspiegeln zu können – ihre Hoffnungslosigkeit und Apathie.

Tagebuch, 8. Oktober 1986
»Matthias J. hat uns ein Stück Schulalltag zum besten gegeben: Mit den Schülern der Klasse seiner 15jährigen Tochter hat ein ehemaliger Oberfeldwebel der NVA des Namens Kretzschmar im Rahmen des Fachs ›Wehrkunde‹ über 15 Minuten lang lauthals den militärischen Gruß ›Guten Morgen, Genosse Oberfeldwebel!‹ trainiert. In der Pause nach dieser ›Schulstunde‹ hat J.s Tochter den Genossen Kretzschmar etwas fragen wollen und ihn mit Herr Kretzschmar angesprochen. Der ehemalige Oberfeldwebel hat sich taub gestellt und die Frage mehrfach wiederholen lassen. ›Ich verstehe nicht! Wie war das?‹, hat er immer wieder gefragt. Dann fiel es der Schülerin endlich ein: ›Genosse Oberfeldwebel!‹ Der Veteran der NVA strahlte über seinen dummen Erfolg …

Wenn ich mir überlege, daß auch wir unsere Tochter Hella eines Tages diesen Kretzschmars hilflos ausliefern müssen, werde ich nicht nur wütend, sondern mir wird regelrecht schlecht bei diesem Gedanken.«

Tagebuch, 24. November 1986
»Einem jungen Mann, der die Mauer in den Westberliner Stadtteil Frohnau überwinden wollte, hat die vergangene Nacht den Tod gebracht. Westliche Anwohner des Tatortes berichteten der ARD, daß Grenzer

mehrere Salven aus Maschinenpistolen abgegeben hätten. Die Anzahl der gefallenen Schüsse wurde von ihnen auf fünfzig geschätzt. Der getroffene *Weihnachtsmarkt am Ost-Berliner Alexanderplatz, 1986* Mann habe sich wenig später nicht mehr gerührt, sagten sie. Er sei ganz offensichtlich tot ...

Eine andere Flucht ist in der vergangenen Nacht geglückt. Ein 36jähriger Mann flüchtete schwimmend über die Ostsee ...

Wäre ich Komponist, würde ich für den Toten der vergangenen Nacht ein Requiem schaffen, ein Requiem gegen die Ohnmacht.«*

Tagebuch, 3. März 1987
»In der Schule, in Hellas Klasse war heute ein Berufssoldat zu Gast. Er hat von den großartigen und überaus wichtigen Leistungen der Angehörigen der NVA berichtet. Hella ist gerade mal acht Jahre alt geworden. Im

* Bei dem erschossenen Flüchtling handelt es sich um den 25jährigen Maurer Michael Bittner. Die Todesschützen erhielten 1997 Bewährungsstrafen (siehe R. Grafe, *Deutsche Gerechtigkeit*, S. 107ff.).

Colditz in Sachsen, 1. Mai 1989: Vorbeimarsch am »festlich geschmückten Schaufenster«

Musikunterricht steht im Moment das folgende Lied auf dem Lehrplan, das man zu Ehren des Gastes heute natürlich auch gleich gesungen hat: ›Soldaten sind vorbeimarschiert / im gleichen Schritt und Tritt. / Wir Pioniere kennen sie / und laufen fröhlich mit, juchei! … Soldaten sind vorbeimarschiert, / die ganze Kompanie. / Und wenn wir groß sind, wollen wir / Soldaten sein, so wie sie.‹ …

Das Lehrbuch enthält 44 Lieder, davon handeln elf von der Arbeit, dem Friedenskampf, den Staatsfeiertagen, der Freundschaft mit der Sowjetunion, der Pionierorganisation und ähnlichem. Drei Lieder sind der Volksarmee gewidmet. Und Hella war trotz ihrer häuslichen Erziehung vom Besuch des uniformierten Mannes beeindruckt.«

Tagebuch, 7. Oktober 1988
»Man feiert heute den 39. Jahrestag der DDR … Ich kann beim Anblick dieser peinlichen Schau, die ich im Moment des Schreibens angewidert im DDR-Fernsehen verfolge, wieder einmal nur an Orwells ›Farm der Tiere‹ denken.«

Tagebuch, 2. Mai 1989
»Die offiziellen Feierlichkeiten zum 1. Mai mit dem ›Vorbeimarsch der Werktätigen‹ an ihrer Obrigkeit haben wir in Hartha aufmerksam verfolgt und Stunden später in Colditz gleichermaßen. Ich wollte dieses Schauspiel unbedingt noch einmal erleben …

Es war gut, die Devotheit einer peinlich breiten Masse der DDR-Bevölkerung gegenüber ihren Machthabern noch einmal konzentriert erfahren zu haben. Dadurch ist mir wiederholt klargeworden, daß sich an den bestehenden gesellschaftlichen Verhältnissen in diesem Land noch sehr lange Zeit nichts ändern wird. Sollte sich endlich doch einmal irgendwann ein Prozeß der Wandlung in Bewegung setzen, dann sicher nur sehr langsam und zaghaft. Ich bin überzeugt davon, daß unsere Tochter in 15 Jahren vor den gleichen Problemen stehen würde wie wir heute, wenn wir hierblieben.«

Dietmar Riemann ist einer von rund 400 000 Menschen, die nach dem Mauerbau die DDR via Ausreiseantrag verlassen haben.

Mitschüler

Sie fand, die Massen, also ihre Freunde, müßten unbedingt die farbige Ansichtskarte sehen, die sie aus Japan bekommen hatte: Tokioter Geschäftsstraße am Abend. Sie nahm die Karte mit in die Schule, und die Massen ließen beim Anblick des Exoten kleine Kaugummiblasen zwischen den Zähnen zerplatzen.

In der Pause erteilte ihr der Klassenlehrer einen Verweis. Einer ihrer Mitschüler hatte ihm hinterbracht, sie betreibe innerhalb des Schulgeländes Propaganda für das kapitalistische System.

Reiner Kunze,
Greiz in Thüringen, 1976

WALBURGA RAEDER

Erst später begann ich mich zu wehren.

Ja sagen und nein sagen

Ich wurde nicht vom Staatssicherheitsdienst überwacht. Als ich erfahren habe, daß es keine Stasi-Opferakte über mich gibt, bin ich ein wenig enttäuscht gewesen. War ich in der DDR nicht mutig genug oder hatte ich einfach Glück?

In unserem großen Bekanntenkreis nahmen wir nie ein Blatt vor den Mund, wir waren »systemkritisch«. Auch in unserer Kirchgemeinde sprachen wir miteinander ohne Vorsicht. Ich hätte ansonsten nicht mehr atmen können. Damals war ich fast sicher, daß kein Spitzel unter uns war. Dennoch dachten wir, man wisse von uns und unseren Gedanken.

Außerhalb dieser Kreise war ich allerdings auf der Hut. »Das darfst du aber den Leuten draußen nicht sagen und in der Schule schon gar nicht«, hatten wir von Kindesbeinen an gelernt. Damit begann für mich und meine beiden Schwestern das Mitlaufen.

Mein Vater war ein junger Neulehrer auf dem Land in der Lausitz. Ende der fünfziger Jahre sollte er von Haus zu Haus ziehen und für die Jugendweihe werben. Er weigerte sich. Ich war damals sieben Jahre alt und verstand die Aufregung nicht, als mein Vater eines Nachmittags zu einem Gespräch in die Schule geladen wurde. Er sollte von der Notwendigkeit der Jugendweihe-Werbung überzeugt werden. Meine Mutter hatte Angst, daß man ihn aus dem Schuldienst entlassen würde. Sie versammelte uns Kinder vor dem Kreuz, und wir beteten laut für Vater. Er blieb bei seinem *Nein*. Danach durfte er »erstmal« keine älteren Schüler mehr unterrichten, weil er nicht in der Lage sei, sie zu »sozialistischen Persönlichkeiten« zu erziehen. Vater bekam dann eine zweite Klasse, er nahm es mit Humor.

Auf dem Dorf braucht man einander. Drei Dörfer weiter borgte der Pfarrer dem Schuldirektor den roten Kokosläufer der Kirche, damit die Jugendweihe im Dorfgasthof ein bißchen feierlicher aussah. Niemand nahm daran Anstoß, man schmunzelte nur. Doch wenig später wurde es auch für mich ernst:

Jeder wußte, wer nicht zur Jugendweihe geht, hat es schwer, zur Erweiterten Oberschule zu kommen. Ich wollte das Abitur und bangte, wie

meine Eltern zunächst für meine ältere Schwester entscheiden würden.
In unserem Dorf erwarteten viele Gläubige mit Spannung die Entscheidung des christlichen Lehrers. Vater wurde im Schulkollegium »in die
Mangel genommen und kippte um«, wie man damals sagte. Die Enttäu-
schung war groß. So gingen die meisten Jugendlichen aus meiner Umgebung zu dieser Zeit zu beiden »Weihen«, zur Konfirmation oder Fir-
mung und zur Jugendweihe.

Wir feierten selbstverständlich nicht, sondern ließen den Akt über
uns ergehen. Statt »Ja, das geloben wir« zu sagen, murmelten wir: »Ja, das
glob' ich dir ...« Dann gilt das Jugendweihegelöbnis nicht, sagten wir
uns. Aber meine Schwester litt. Ich dagegen jubelte innerlich: Ich würde
nicht die leidige Jagd um einen Platz an der Erweiterten Oberschule mitmachen müssen, jedenfalls nicht wegen der blöden Jugendweihe. Die
ging mich im Innern nichts an. Ich wollte studieren, ich wollte raus aus
der Lausitz. Ich wollte keinen Widerstand leisten. Erst später begann ich
mich zu wehren.

Wie mein Vater war schon mein Großvater Lehrer gewesen. So wurden
auch meine Schwester und ich Lehrer. Vier Jahre hielt ich durch, in einer
Schule unweit der Berliner Mauer an der Bernauer Straße. In meinen
Fächern, Deutsch und Musik, war immer eine »parteiliche Haltung« her-
auszuarbeiten, auch bei Goethe und Bach. Selbst parteilose Lehrer wie
ich mußten das SED-Parteilehrjahr mitmachen. Da wurden wir auf den
Kommunismus eingeschworen.

In dieser Schule, der Heinrich-Dorrenbach-Oberschule, saß Mitte

der siebziger Jahre in einer 8. Klasse die Tochter *Lehrer-Praktikum, 1972*
eines Superintendenten. Eines Tages hieß es, »die«
solle auf keinen Fall auf die Erweiterte Oberschule gehen, das werde man
schon zu verhindern wissen. Die Lehrer sollten dem Mädchen noch
einmal Verhaltenszensuren geben. Ganz unverhohlen sagte die Schulleitung: »Na, in Betragen hat sie doch keine Zwei verdient!« Und mit
einer Drei in den sogenannten Kopfnoten delegierte man damals keinen
zur EOS.

In der Pause sagte mir im Lehrerzimmer der stellvertretende Direk-
tor mit bohrendem Blick: »Wir werden uns doch keinen Staat von Bet-
brüdern erziehen!« Ich zuckte zusammen. Irgendwann hatte eine Kollegin in der Schule gepetzt, daß bei mir in der Wohnung ein Kreuz hing
und daß ich in die Kirche ging. Sie war zur Chefin gerannt und hatte
gefragt: »Wußtest du, daß Frau Raeder katholisch ist?« Ein Lehrer nahm
mich zur Seite und warnte mich: »Sei bei der Genossin L. ein bißchen
vorsichtiger …«

Jene Schülerin bekam von mir keine schlechtere Note. Statt dessen
informierte ich ihre Eltern. Sie fragten mich, ob ich bei einer Klage gegen
die Schule als Zeugin aussagen würde. Ich holte erstmal tief Luft, denn
ich wußte, worauf ich mich einlassen würde. Aber ich wollte ehrlich
arbeiten, ich wollte nicht feige sein. Zitternd sagte ich: »*Ja.*« Ich mußte
das tun, für diese Schülerin, für die Gläubigen in diesem Staat, für die
Wahrheit.

Nach einiger Zeit sagten mir die Eltern des Mädchens: »Wir haben
unsere Tochter zu einer Berufsausbildung mit Abitur angemeldet, da

geht es leichter.« So ist mir einiges erspart geblieben. Ich bin mir sicher, bei dieser Sache wäre ich über meinen Schatten gesprungen. Danach war mir klar, ich mußte schnellstmöglich den Schuldienst quittieren, was nicht einfach war. Aber ich habe es geschafft.

Mehr und mehr sagte ich offen, was mich störte – die großen und kleinen Tücken des DDR-Alltags kritisierte ich bei den entsprechenden Stellen: Einen ganzen Ordner voll »Eingaben« schrieb ich im Laufe der Zeit. In Satire gehüllt, monierte ich die Qualität von Spielzeugautos und bekam sofort haltbare geschickt. Ich beschwerte mich über Knabenhosen, die wie Altmännerhosen aussahen – prompt wurde ich Mitglied im Beirat des Mode-Instituts Berlin. Die Zustände im Krankenhaus reklamierte ich ebenso wie lange Wartezeiten beim Hausarzt. Aber nie machte ich einen grundsätzlichen Schlenker gegen das System, wohl wissend, daß es unserer Familie Schwierigkeiten bereiten würde.

Immer wieder sprach man über Leute, die in den Westen gehen. Ich stellte es mir fürchterlich vor, meine Eltern und Großeltern, meine Tanten und Onkels, meine Heimat zu verlassen, ohne zu wissen, ob ich sie je wiedersehen darf.

Mit der Geburt unserer Kinder Ende der siebziger Jahre war klar, daß wir keinen Fluchtversuch wagen. Ich wollte nicht ins Gefängnis, mich nicht in Bautzen oder Hoheneck kaputtmachen lassen. Es hätte mir das Herz gebrochen, von meinen beiden Söhnen getrennt zu werden, nicht zu wissen, was mit ihnen geschieht.

Nach der Geburt unseres zweiten Jungen hatte ich uns eine Vier-Raum-Wohnung an der Frankfurter Allee erstritten. Es war ein Kampf, wie so vieles in »unserer DDR«. Wir waren glücklich: Eine so große Wohnung, ruhig gelegen, mit langem Balkon – Südseite, oberste Etage, der Blick in den freien Himmel. Und keine Partei, keine Beziehungen hatten uns dabei geholfen. Am zweiten Tag nach unserem Einzug im August 1981 läutete unsere Nachbarin, um uns zu begrüßen. Sie saß in unserem Wohnzimmer und erzählte drauf los: Alle im Haus seien gespannt gewesen, wer wohl diese Wohnung bekommen werde – weil doch die Vormieter eingesperrt worden seien. Der Mann sei mit einem Transparent vor das Zentralkomitee der SED gezogen und habe die Bewilligung seiner Ausreise gefordert. Die Ehefrau sei an jenem Tag noch zu ihr gekommen, um »etwas zu klären«. Dann sei sie abgeholt worden, und die Kinder habe man ins Heim gebracht. Mir sträubten sich die Nackenhaare. War diese fremde Nachbarin ein Spitzel? Ich schaute in den Ecken

unserer neuen Wohnung nach Wan-   *Ost-Berlin 1982 – Blick nach drüben*
zen. Wie oft hatten wir zu Hause bei
kritischen Reden unserer Wut freien Lauf gelassen, Blick und Stimme
erhebend: »Ihr Schweine, hört ruhig mit!«

Die Nachbarin redete weiter, atemlos hörte ich zu. Auch sie und ihr
Mann seien dann von der Stasi abgeholt worden, mit vorgehaltener Ma-
schinenpistole. Im Polizeipräsidium Keibelstraße habe man ihnen eröff-
net: »Na, Sie wollten doch auch in den Westen, nicht? Jedenfalls nach
Ungarn wird dieses Jahr erst mal nicht gefahren.« Ihr sei danach als
Dolmetscherin fristlos gekündigt worden – sie habe an einigen Stellen
nicht richtig übersetzt … Sie arbeitete in Kirchgemeinden, auf Fried-
höfen, wurde überwacht und bespitzelt. Ihre Depressionen zu erleben,
tat in den folgenden Jahren oft weh.

Mit unseren Kindern machten wir eines Sonntags einen Spaziergang
zum Brandenburger Tor, und ich erklärte laut und deutlich, daß auf der
anderen Seite noch ein Land sei, wir aber niemals dorthin dürften. Zwei
Grenzsoldaten schauten uns mißtrauisch an. Nicht wenige Leute sagten
mir in diesen Jahren: »Daß ich an der Grenze wohne, stört mich gar
nicht. Ich brauche den Westen nicht.« Mich störte es schon, und zwar
sehr, und ich versuchte, alle Gedanken daran abzuschütteln.

Mitte der achtziger Jahre bestiegen wir den Turm des Französischen
Doms. Wir konnten ziemlich gut in den Westen sehen, und Freunde, die

bereits gereist waren, wollten mir verschiedene Gebäude drüben erklären. «Ich will's nicht wissen«, wehrte ich ab. »Ich darf da nie hin, es macht mich krank …«

Unser erster Sohn wollte 1984 *nicht* zu den Jungen Pionieren, wir unterstützten seine Entscheidung. Er ging in den katholischen Hort in unserer Nachbarschaft. Wir waren glücklich, die Kinder am Nachmittag aus der sozialistischen Tretmühle herausnehmen zu können. Die Lehrer sagten: »Ihr Kind wird nicht im Klassenverband an Freizeitaktivitäten mitmachen können …« Wir standen es durch. Noch kurz vor dem Ende der DDR plagte mich der Gedanke, daß nun bald auf unseren Ältesten die FDJ und die Jugendweihe zukommen werden. Und danach die Nationale Volksarmee. Wie würde er, wie würden wir entscheiden?

Dann fiel die Mauer. Ich lief in West-Berliner Buchläden, holte mir Orwells *Farm der Tiere* und den *Archipel Gulag* von Solschenizyn. Noch heute höre ich erschüttert die Geschichten derer, die es wagten, die DDR-Grenze zu überschreiten. Ich verneige mich vor ihnen, sie haben den Fall der Mauer mit bewirkt.

JOACHIM STEIN

Keinesfalls Zugeständnisse an die Stasi.

Mein Freund Karl Corino

Ein westdeutscher Freund, der regelmäßig zur Leipziger Frühjahrsmesse kam, machte mich im März 1973 mit Karl Corino bekannt. Wir trafen uns in der Wohnung eines befreundeten Grafikers. Corino arbeitete als Kulturredakteur im Hessischen Rundfunk und hatte gerade sein Magazin *Transit* entwickelt, das vor allem über die Literatur in der DDR informieren wollte. Wir kamen uns an diesem Abend im Gespräch näher, fanden einander sympathisch und entdeckten gemeinsame Interessen: Ich war damals Literaturdozent an der Leipziger Bibliothekar-Fachschule. Schließlich vereinbarten wir, daß Corino bei seinem nächsten Besuch in Leipzig bei uns Quartier nehmen sollte.

Von da an war Karl Corino jedes Jahr unser Messegast. Für mich war er der anregendste Gesprächs- *Der Literaturredakteur des Hessischen Rundfunks Karl Corino (Mitte) 1973 in Leipzig*

partner, den ich mir wünschen konnte, immer bestens informiert. Er brachte den »Duft der großen weiten Welt« in unser abgeschottetes DDR-Dasein und wurde ein guter Freund.

Durch Karl Corino haben wir interessante Leute kennengelernt: Er machte in unserer Wohnung Tonband-Interviews mit DDR-Autoren, die mehr oder weniger zur oppositionellen Szene gehörten und in Ungnade gefallen waren. Einige standen kurz davor, die DDR zu verlassen. So waren u. a. Reiner Kunze und Wolfgang Hilbig bei uns sowie Sarah und Rainer Kirsch. Das alles war herrlich interessant und aufregend für uns, und oft verbrachten wir ganze Nächte erzählend und debattierend.

Natürlich hatten wir immer im Hinterkopf, daß die Stasi auf uns aufmerksam werden konnte. Alle zur Messe akkreditierten Journalisten mußten sich anmelden, und dabei wurde auch vermerkt, wo sie während ihres Aufenthalts in Leipzig wohnen.

In den siebziger Jahren verschärfte man Teile des politischen Strafrechts der DDR. Das bezog sich unter anderem auf die »ungesetzliche Verbindungsaufnahme« zu westlichen Dienststellen aber auch zu Rundfunkanstalten. Die Übergabe von Informationen, die der DDR schaden könnten, wurde mit härteren Strafen bedroht, ebenso das Publizieren in westlichen Medien ohne Genehmigung der Behörden.

Dies war wohl ein Zeichen zunehmender Nervosität der SED-Führung angesichts wachsender Unzufriedenheit und Opposition auch in Intellektuellenkreisen, nicht zuletzt unter Schriftstellern und Künstlern. Nun sollte eine Offensive gegen alle kulturpolitischen »Störenfriede« erfolgen. Die Stasi beschloß, auch gegen den unbequemen Westjournalisten Corino und seine »Helfershelfer« in Leipzig strenger vorzugehen.

Wir erlebten das 1976 so: Unser Sohn Matthias, gerade 18 Jahre, hatte über einen Freund eine alte Dame kennengelernt, die mal zum wohlsituierten Bürgertum Leipzigs gehört hatte. Ihre Wohnung war voller kostbarer Antiquitäten. In einer Schublade entdeckten die Jungen eines Tages einen Damenrevolver aus den zwanziger Jahren. Matthias kam auf die Idee, ohne Wissen der alten Dame, den Revolver für einen Nachmittag einzustecken und ihn in ein Leipziger Café mitzunehmen. Dort zeigte er ihn unterm Tisch seinen Freunden.

Uns erzählte er nichts davon, wir erfuhren es von einem seiner Freunde. Unser Sohn versicherte uns, die Waffe wieder zurückgebracht zu haben. Damit gaben wir uns zufrieden, machten ihm aber deutlich, wie gefährlich sein Tun gewesen sei.

Allerdings hatte die Stasi die Sache im Café wohl beobachtet – oder ein Freund hatte Matthias denunziert. Jedenfalls stellte der Vorfall für das MfS eine willkommene Gelegenheit dar, mich zu erpressen:

Meine Frau und ich fuhren einige Zeit später für zwei Wochen nach Mecklenburg in den Sommerurlaub. Am dritten Urlaubstag saßen wir abends in unserem Bungalow vor dem Fernseher und sahen die »Tagesthemen« der ARD, als plötzlich der Bürgermeister des Dorfes an die Tür klopfte und erklärte: »Herr Stein, da sind zwei Herren aus Leipzig in meinem Büro, die wollen Sie sprechen.« Ich ahnte, daß es die Stasi ist. War etwas mit Matthias in Leipzig?

Im Bürgermeisteramt empfingen mich die beiden Männer gleich mit dem Satz, ich wisse doch wohl, weshalb sie gekommen seien. Ich verneinte, obwohl ich vermutete, daß es mit der Revolvergeschichte zu tun hatte. Sie erklärten mir, sie hätten unseren Sohn wegen illegalen Waffenbesitzes verhaftet, und es hinge von mir ab, was nun weiter mit ihm geschehe. Auf illegalen Waffenbesitz stünden zwei Jahre Haft, und für mich sei mindestens ein dreiviertel Jahr Haft möglich, weil ich das Delikt nicht angezeigt hätte. Da wußte ich, daß es darum ging, mich als Spitzel anzuwerben.

Mein Sohn habe doch den Revolver zurückgegeben, sagte ich. Ich würde mich darum kümmern, daß er nicht noch einmal so einen Unsinn veranstalte. Das war freilich nicht, was sie hören wollten. – Ob ich mir denn nicht darüber im klaren sei, daß das, was sich bei uns daheim abspiele, unseren Sohn politisch verwirre. In der Wohnung seiner Eltern verkehrten Staatsfeinde, habe er bei seinem Verhör zu Protokoll gegeben (was nicht stimmte). Sie nannten nun zum ersten Mal auch den Namen Corino – »ein Mitarbeiter einer imperialistischen Rundfunkanstalt«.

Ich könne mir nicht vorstellen, daß mein Sohn das gesagt habe, erwiderte ich.

Im übrigen sei diese Aussage auch falsch. Corino sei unser Freund und kein Staatsfeind. So ging es bald zwei Stunden hin und her bis nach Mitternacht. Dann sagten die beiden Herren, sie müßten nach Leipzig zurück. Und ich solle mir noch einmal durch den Kopf gehen lassen, wie ich den Schaden eindämmen könne. Schließlich bestellten sie mich für den übernächsten Tag zu einer Aussprache. Und nun erst, am Ende des Gesprächs, teilten sie mir mit, daß sie Matthias wieder aus der Haft entlassen hätten. An Schlaf war in dieser Nacht nicht mehr zu denken.

Daheim in Leipzig erzählte uns Matthias, wie sie ihn früh, als er aus dem Haus gehen wollte, verhaftet und in ein Untersuchungsgefängnis gebracht hatten. Sie hatten ihn in eine Zelle gesperrt und erst mal warten lassen. Dann hatten sie ihn stundenlang verhört.

Am Tag nach unserer Rückkehr saß ich in der MfS-Zentrale (»Runde

Ecke«, sagten die Leipziger) hinter vergitterten Fenstern drei Stasi-Männern gegenüber, die mich zwei Stunden lang bearbeiteten: Ob ich es mir inzwischen überlegt habe ... Ich tat, als wüßte ich nicht, was sie von mir wollten. Nun redeten sie Klartext: Ich solle meine Beziehung zu Corino keinesfalls abbrechen – ich solle das MfS über alles informieren, was er in Leipzig macht, zu welchen Leuten er Kontakt hat usw. Ich lehnte ab: Corino sei mein Freund, ich könne ihn nicht verraten.

Sie seien enttäuscht von mir, erklärten die Stasi-Männer. Als ich wissen wollte, wie das mit unserem Sohn weitergehe, sagten sie, ich würde das noch rechtzeitig erfahren. Ich war froh, als ich an den Posten vorbei wieder ins Freie trat.

Es folgten Wochen quälenden Wartens. Würden sie uns eines Tages doch noch abholen und uns den Prozeß machen? Wir vereinbarten, auch die Haft durchzustehen, keinesfalls aber Zugeständnisse an die Stasi zu machen.

Seltsamerweise aber geschah nichts. In meiner Stasi-Akte habe ich später keine Erklärung dafür gefunden – nur die Berichte mehrerer Spitzel, die sie auf uns angesetzt hatten. Dazu eine Anweisung zum Abhören unserer Wohnung und des Telefons während der Messe. Ein Inoffizieller Mitarbeiter hatte für die Stasi eine Skizze unserer Wohnung angefertigt. Zudem machte er den Vorschlag, unseren Sohn, mit dem er gut bekannt war, zu sich einzuladen, um ihn mit Alkohol und Schlaftabletten zu betäuben. Er wollte ihm dann unseren Wohnungsschlüssel aus der Jacke nehmen und einen Abdruck davon machen. Eine »konspirative Wohnungsdurchsuchung« war geplant.

Schließlich fand ich noch diese Notiz: »Eine operative Nutzung des Stein zur Aufklärung feindlicher Aktivitäten ist nicht möglich. Zur Einschränkung der Wirkungsmöglichkeiten Steins wird daher vorgeschlagen, die im Ermittlungsverfahren bekannt gewordenen Hinweise offiziell auszuwerten und über die Partei entsprechende Auseinandersetzungen mit Stein durch die staatliche Leitung der Fachschule zu veranlassen.«

In der Schule galt ich als unsicherer Kantonist, weil ich parteilos war. Da es aber – vor allem in unserer Literaturfachgruppe – noch mehrere unsichere Kantonisten gab, war es für die Schulleitung schwer, gegen uns alle vorzugehen.

Ich vermute, die Freundschaft mit Karl Corino war für uns auch ein Schutz vor weiteren Maßnahmen des MfS. Er verfügte durch seine Arbeit im Rundfunk über eine Öffentlichkeit, die die Stasi scheute.

Jahre später erfuhr ich von einer ehemaligen Kollegin eine Geschichte, die mir noch im Nachhinein einen eisigen Schreck einjagte: Ihr damals 19jähriger Sohn hatte Mitte der siebziger Jahre in einem Leipziger Lokal versucht, einen Streit zwischen seinen Freunden und ein paar SED-Funktionären zu schlichten. Daraufhin schüttete ihm ein angetrunkener Genosse ein Glas Bier ins Gesicht. »Ihr wollt Kommunisten sein«, sagte der junge Mann, »ihr seid Schweine!« Die Funktionäre riefen die Polizei und erklärten, dieser Mann habe sie als Kommunistenschweine beschimpft. Er wurde festgenommen und zu zwei Jahren Gefängnis verurteilt. In der Haft ist er nach einigen Monaten auf ungeklärte Weise gestorben, angeblich an einer Blinddarmentzündung. Der Mutter verweigerte man, ihren toten Sohn noch einmal zu sehen.

Es hätte unser Sohn sein können.

Hundertachtzigtausend DDR-Bürger spitzelten 1975 als »Inoffizielle Mitarbeiter« für den Staatssicherheitsdienst. Die Stasi, die Parteipolizei, hatte mehr als neunzigtausend hauptamtliche Mitarbeiter (1988).

KARL CORINO

Anpassung bis zur Skrupellosigkeit.
Nachschrift

Als ich 1991 meine – hauptsächlich in Leipzig archivierte – Stasi-Akte zu sehen bekam, fand ich auch entsprechende Protokolle über die Kabale, mit der man Jochen Stein mittels des »Waffendelikts« seines Sohns zur Stasi-Spitzelei erpressen wollte und wie er sich gegen diese infame Nötigung mit allem Risiko zur Wehr setzte. Mir lief es wegen der drohenden Konsequenzen für ihn und seine Familie noch im Nachhinein kalt über den Rücken – andererseits war ich aber auch froh, solche Freunde in Leipzig gefunden zu haben.

Ich habe in der Folgezeit immer wieder betont, daß das Verhalten der Steins – Usch Stein und ihr unerbittliches »Mit denen nicht!« seien hier ausdrücklich erwähnt! – für mich den moralischen Maßstab bildete, wenn es um die Fragen einer IM-Tätigkeit unter Zwang ging. Kein Zweifel, wenn es um die Zukunft der Kinder ging, hatte die Stasi einen gewaltigen Hebel gegen die Eltern in der Hand, und ich bin bereit, denen mildernde Umstände einzuräumen, die bei drohender Haft, Verlust des Studienplatzes o.ä. für einen Sohn, eine Tochter schwach wurden und bei Mielkes Leuten unterschrieben. Aber wenn es eine Tapferkeitsmedaille für Zivilcourage in Sachen Stasi gäbe, dann hätte man unter die Verleihungskriterien das Verhalten der Familie Stein aus der Kurt-Eisner-Straße 5 in Leipzig aufnehmen sollen.

Der Bericht Jochen Steins ist in jedem Wort korrekt, ich kann ihn Silbe für Silbe unterschreiben. Er kann natürlich nicht vollständig sein, und z. T. waren die hier weggelassenen Details von großer Wichtigkeit für mein weiteres Verhalten. Die Stasi hatte nämlich an den Sohn der Steins einen wichtigen HIM (hauptamtlichen inoffiziellen Mitarbeiter), den Leipziger Schauspieler Ch. U., angeschleust, der bei seiner Leipziger Dienststelle angeblich rund 10 000 Seiten Berichte hinterließ.

Dieser Mann mit der sonoren Stimme und von durchaus einnehmendem Wesen machte sich so an Stein junior heran, daß die Eltern schon homosexuelle Motive vermuteten. In Wirklichkeit ging es Ch. U. darum, die Wohnung in der Kurt-Eisner-Straße auszuspionieren und, vor allem, in die Tagebücher Jochen Steins Einblick zu nehmen, von denen der Sohn leichtsinnigerweise erzählt hatte. Allerdings ließ sich

Ch. U. beim Stöbern in diesen Tagebüchern von der Mutter Jochen Steins erwischen, und als ich diese Geschichte hörte, war mir klar, daß dieser Mann nicht »echt« war und daß im Umgang mit ihm höchste Vorsicht geboten war. »Eine Öffentlichkeit, die die Stasi scheute.«

Er war nämlich, wie konnte es anders sein, auch auf mich angesetzt, hatte mich auf einer Messeparty von Pfarrer Christoph Wonneberger angesprochen, mich mit Texten des noch unbekannten Autors Gert Neumann geködert und mich auch mit dem Schriftsteller selbst bekannt gemacht. Von da an suchte er bei jeder Messe meinen Kontakt, wollte Ratschläge für eine Flucht aus der DDR (Nachtigall, ick hör dir trapsen!) und tauchte eines Tages im Hessischen Rundfunk auf mit der Legende, er habe eine Erlaubnis bekommen, seine kranke Schwester in Rüsselsheim zu besuchen, und wolle nun im Westen bleiben und für den HR arbeiten. Klar, daß bei mir alle Warnlampen aufleuchteten und daß ich entsprechende Maßnahmen traf, um die Einnistung dieses ›faulen Eis‹, wenn das Bild erlaubt ist, zu verhindern. Ch. U. wanderte deshalb nach relativ kurzer Zeit an Provinzbühnen ab.

Wenn Anpassung und Widerstand in der DDR zwei Pole bilden, dann bildeten Menschen wie Ch. U. das abschreckende Beispiel für ersteres: Anpassung bis zur Skrupellosigkeit. Sie riskierten bei geplanten Betäubungsmanövern u. U. körperliche Schäden ihrer Opfer und im Extrem sogar deren Tod.

Enttarnt wurde Ch. U. für mich durch Reiner Kunzes Dokumentation *Deckname ›Lyrik‹* (1990). Es schien zunächst, als würde diese folgenlos bleiben. Sozusagen heiß wurde die Vergangenheit für Ch. U. erst, als ein Arzt aus der Gegend von Celle seine Stasi-Akte las und feststellte, daß er und einige Leipziger Kollegen einst von Ch. U. wegen geplanter Republikflucht denunziert und zu entsprechender Haft verurteilt worden waren (später freigekauft). Dieser Arzt stellte Strafanzeige wegen geheimdienstlicher Tätigkeit, Beihilfe zur Freiheitsberaubung und leitete so entsprechende Recherchen des BKA ein (im Rahmen derer auch ich nach Ch. U. befragt wurde).

Aber es verlief alles im Sande: Ch. U. hatte seine IM-Tätigkeit 1986 beendet, und sie war 1991, fünf Jahre später, verjährt. Ch. U. starb, Lohn der Anpassung, als geehrtes Mitglied eines norddeutschen Staatstheaters und konnte bis zum Schluß, frei nach Schiller, die Schaubühne als moralische Anstalt betrachten.

HANNES SCHWENGER

Verfolgte Unschuld?

Mitläufer jenseits der Grenzen

Ich wurde 1941 in Thüringen geboren und habe die Sowjetische Besatzungszone als Kind 1945 verlassen. Die DDR habe ich das erste Mal 1967 besucht, 1979 hat sie mich für vier Jahre von der Einreise ausgeschlossen, 1983 wieder einreisen lassen – gewissermaßen zum Dank: Ich hatte einen in West-Berlin als Agentenwerber verurteilten DDR-Bürger in der Haft besucht und Verbindung mit seiner Familie gehalten. Von ihm wird noch die Rede sein. Der Mann hat auch mich zu werben versucht, ohne Erfolg.

Sonst habe ich dort nicht viele Menschen kennengelernt. Keinen davon würde ich einen Mitläufer nennen; die meisten waren entweder Subjekte oder Objekte der Staatssicherheit – von Wolfgang Schnur bis Jürgen Fuchs. Wie kann ich mich da zur »Schuld der Mitläufer« äußern?

Zunächst gestehe ich, daß mir selbst der Begriff wenig brauchbar erscheint. Wenn es gar, nach dem bekannten Diktum, kein wahres Leben im falschen gäbe, dann hätte es schon im Nationalsozialismus außer Tätern und Opfern nur Mitläufer gegeben. Mir hat diese Logik noch nie eingeleuchtet, auch nicht nach 1989; so wenig, wie pauschale Schuldzuweisungen an alle übrigen, zumal aus dem Westen.

Reden wir lieber von uns selbst, den westlichen *fellow travellers* mehr oder minder kommoder Diktaturen im Osten; es ist nur ein anderes Wort für Mitläufer jenseits der Grenzen. Ich halte nicht viel von falschen Vergleichen, aber die Diktatur vor unserer Haustür war keineswegs so kommod, wie sie dem Autor dieses Malmots erscheinen wollte.* Sie verhängte und vollstreckte Todesurteile, verschleppte fremde Staatsbürger, veranstaltete Schauprozesse, mauerte ihre Bürger ein und ließ auf Flüchtlinge schießen. Sie unterhielt eine monströse Geheimpolizei, übte Zensur und verweigerte Pressefreiheit, sie drangsalierte junge Christen, unterdrückte die Friedensbewegung und erteilte Andersdenkenden Berufsverbote.

---

* Der Schriftsteller Günter Grass nannte 1996 die DDR eine »kommode Diktatur«.

Niemand im Westen hätte freiwillig bei Ulbricht und Hilde Benjamin eingestimmt, aber viele sangen um so bereitwilliger die schönen Klassenkampflieder Ernst Buschs; auch ich. Und natürlich die Internationale, die das Menschenrecht denen verhieß, deren Menschenrechte auf ihre Melodie mit Füßen getreten wurden. Das war 1968: Als in Prag die Panzer rollten, liefen Teile der Studentenbewegung mit fliegenden roten Fahnen zur neu gegründeten DKP über. Andere skandierten auf Berlins Straßen »Mao, Castro, Ho Chi Minh für ein rotes West-Berlin«, während der Mann in Havanna den Einmarsch in Prag eine Notwendigkeit und die jugoslawischen Kommunisten Agenten des Imperialismus nannte. Trotzdem: Fidel und Che begeisterten nicht nur die FDJ.

Ich selbst war damals Redakteur einer Anti-Bild-Zeitung im Republikanischen Club West-Berlins. Dort erschienen Leute, die sich als Mitglieder des Deutschen Journalistenverbandes der DDR vorstellten. Sie tranken gern ein Bier mit uns und boten Hintergrundmaterial über alte Nazis in Springer-Zeitungen an.

Rudi Dutschke, nach dem sie sich auffällig unauffällig erkundigten, hatte allerdings weniger für sie übrig, als sie gehofft haben mögen. Er lebte schon einige Jahre im Westen und redete auch als Marxist über die DDR anders, als es der Stasi gefiel. Manchmal sah er bei uns herein; mein rotes Lackjäckchen, in dem ich nach Redaktionsschluß unsere Zeitung auf dem Kurfürstendamm verkaufte, gefiel ihm besser als unsere rotlackierten Schlagzeilen, für die uns die Besucher aus Ost-Berlin artige Komplimente machten. Sie bestärkten uns gönnerhaft in unserer Sammelwut für das geplante Springer-Tribunal.

Wir waren Sammler, sie waren Jäger. Sie hatten auch mich im Visier. Sie luden mich ein in den Journalistenclub gegenüber dem Ost-Berliner Bahnhof Friedrichstraße. Dort hielt ein Dr. Kittelmann Hof, der mir bedeutete, daß er diskrete Verbindungen habe, mich beruflich zu fördern, vielleicht bis ins Bundespresseamt. Er hörte gern, daß ich im *Spiegel*-Büro ein und aus ging. Daß er auch eine diskrete Akte über mich anlegte, verriet er mir nicht. Auch nicht meinen Decknamen in dieser Akte: Zwerg. Er hätte mich gerne eingekauft. Statt dessen ist es ihm zweimal gelungen, mich zu verkaufen.

Das erste Mal, wie gesagt, ging es um Springer. Muß man heute schon Lesern erklären, warum? Er war der mächtigste Mann in Berlin, ich der ohnmächtigste. Er besaß einen Zeitungskonzern, der Stimmung gegen Studenten machte, ich eine Schreibmaschine, die Stimmung gegen ihn machte. Ich versetzte ihm einen Nadelstich – mit der Erfindung

einer Anstecknadel, auf der »Enteignet Springer« stand und die ein paar
tausend Menschen durch die Stra
ßen Berlins trugen. Er schlug auf offener Straße zurück – mit dem Volkszorn, den seine Boulevardzeitungen entfachten.

»Ho Chi Minh für ein rotes West-Berlin« –
Demonstranten auf den Kurfürstendamm, 1968

Er hatte es nicht nötig, eine Anstecknadel mit der Aufschrift »Verprügelt Studenten« zu drucken. Er mußte nur unsere langen Haare, unsere Parkas und Lederjacken zu typischen Kennzeichen gefährlicher
Staatsfeinde erklären und dieses Bild durch abstoßende Karikaturen illuminieren, um uns zu Freiwild zu machen. Hat er wirklich geglaubt, Berlins Studenten könnten eine Revolution machen, seinen Verlag enteignen
und die Alliierten aus Berlin verjagen? Voll genug hatten wir den Mund
ja genommen: Soeben plante der Republikanische Club eine Kampagne
»Zerschlagt die Nato«. Zerschlagen wurden schließlich die Fensterscheiben des Amerika-Hauses, die Glastür des Springer-Hauses und meine
Brillengläser.

Dieser einsame Höhepunkt meiner persönlichen Springer-Kampagne fand am 5. Februar 1968 statt, ein Showdown auf Berlins beliebtester Einkaufsstraße vor dem Kaufhaus des Westens, um 12 Uhr mittags.
Ich wollte unser Extrablatt gegen Springer verkaufen, wurde aber sofort
von Passanten angerempelt; kräftige junge Leute, ein paar Ältere, eine
gebeugte Großmutter am Krückstock. Im Handumdrehen bildete sich
ein dichter Halbkreis um mich, nur am Straßenrand offen. Verschwin-

den sollte ich hier, in den Osten gehen, über die Mauer springen. Erst hieß ich Studentenschwein, dann Kommunistensau, schließlich sollte ich »ab ins KZ«. Schon drängten mich ein paar Übermütige zum Bordstein, um mich auf die Straße zu schubsen. Da bekam ich einen Schlag vor die Brust, mit dem Gummifuß des Krückstocks, der mich auf die Fahrbahn warf. Oma war die Mutigste.

Wir sind beide wieder auf die Beine gekommen, Springer und ich. Als er Jahre später starb, hatten wir sogar etwas gemeinsam: Wir waren vermutlich die einzigen Deutschen, die noch an die Wiedervereinigung glaubten. Aber er hat sie nicht mehr erlebt, so wenig wie Dr. Kittelmann, der vorher starb. Er, wie gesagt, hat mich damals verkauft, als Märtyrer der Meinungsfreiheit, die es auf seiner Seite der Mauer nicht gab: Vom Journalistenverband der DDR wurde meine Geschichte als Anklageschrift in einer Broschüre der Internationalen Journalistenorganisation präsentiert. Daß ich als Kronzeuge des Ostens bei den Medien des Westens beruflich disqualifiziert war, hat ihn nicht gekümmert. Die DDR hatte ihre eigene Rechnung mit Springer, auf der ich zu den Spesen rechnete.

Das zweite Mal hat Dr. Kittelmann nicht nur mich, sondern den Erfolg der besten Sache verkauft, auf die sich die DDR zu berufen versuchte: den Antifaschismus. Ich war damals einer politischen Sprengbombe auf der Spur. Im Verzeichnis von Schriften des Hitlerreichs, die auf Weisung der Alliierten nach 1945 aus öffentlichen Bibliotheken entfernt werden mußten, fand ich das Buch eines Juristen verzeichnet, der nach dem Krieg in die Politik gegangen war. In West-Berlin war er Vorsitzender des Innenausschusses im Parlament; als solcher hatte er die Selbstjustiz von Prügel-Berlinern an Demonstranten mit »Staatsnotschutz« gerechtfertigt. Sein Buch war nicht leicht zu finden, weil es aus öffentlichen Bibliotheken entfernt worden war.

Da kam ich auf die Idee, in Ost-Berlin um Hilfe zu bitten; gern war Herr Kittelmann mir gefällig. Schon nach zehn Tagen hatte ich das Buch in der Hand. Es war ein juristischer Kommentar zur Haager Landkriegsordnung (HLKO), in der die »Sonderbehandlung« jüdischer Kriegsgefangener und den Ausschluß russischer Gefangener vom Schutz dieser Konvention gerechtfertigt wurde. Der Verfasser war Oberfeldrichter und Kriegsgerichtsrat der Luftwaffe gewesen, ein ebenso furchtbarer Jurist wie sein Parteifreund Filbinger, den die Enthüllungen von Rolf Hochhuth das Amt kosteten. Ich konnte es mir nicht anders vorstellen, als daß auch dieser Mann in Schimpf und Schande sein Amt aufgeben mußte.

Einen Tag, bevor mein Beitrag erschien, druckte die *Berliner Zeitung* Ost-Berlins einen eigenen Leitartikel. Er nannte den Namen meines Mannes, den Titel seines Buches; er nannte den Mann einen »schwerbelasteten Nazi-Aktivisten« und forderte seinen Rücktritt. Am nächsten Morgen meldeten die Zeitungen in West-Berlin die Sache als »östlichen Angriff auf einen Parlamentarier«, der sofort alle Vorwürfe als Fälschung zurückgewiesen habe: In seinem Kommentar habe »von Juden und Russen kein Wort gestanden«.

Damit war der Fall erledigt, und ich auch. Was half es mir, daß ich mit Originalzitaten den Wahrheitsbeweis antreten konnte? Niemand interessierte sich mehr dafür. Die Zitate ließ ich aus Trotz dennoch drucken, im Faksimile, sie waren eindeutig: »Da die Juden eine besondere Rasse sind, kann ihre Zusammenlegung in besonderen Lagern erfolgen.« Und: »Nur wenn die UdSSR sich nachträglich zu einer wirklichen Unterwerfung unter die Regeln des Völkerrechts verstehen sollte und auch Deutschland darauf einginge, könnte die HLKO auch im Verhältnis zur UdSSR zur Anwendung gelangen.« Aber das half mir nichts, ich war als Handlanger östlicher Angriffe erledigt, zum zweiten Male verkauft.

Damals fühlte ich mich wie die verfolgte Unschuld. Doch schuld war ich selbst, niemand sonst; mit dem Teufel spielt man nicht ungestraft Karten. Ich mußte erst das *Neue Deutschland* vom 12. November 1976 lesen, in dem ein anderer Dr. K. – einst Mitglied der NSDAP, jetzt Mitglied der SED – die Ausbürgerung des Dichters und Kommunisten Biermann rechtfertigte, um zu verstehen, mit wem ich mich eingelassen hatte. Aber da beginnt eine andere Geschichte, mit der ich das letzte Wort Heinrich Böll geben will.

Er, der Wolf Biermann in jenem November aufnahm, war es, der uns den Umgang mit denen lehrte, die für die Ausbürgerung und für die Verfolgung ihrer Kritiker verantwortlich waren. Dem Protest gegen die Ausbürgerung folgten Verhaftungen, Berufsverbote, Exmatrikulationen. Und wieder war es der Dr. Kittelmann, mit dem ich als Sprecher eines westlichen Schutzkomitees über die Freilassung der Stasi-Häftlinge zu verhandeln hatte, am Ende erfolgreich.

Nur waren die Karten diesmal anders gemischt. Hinter dem Komitee standen Linke aller Couleur, vom Antifaschisten Vercors bis zu einem ZK-Mitglied der Kommunistischen Partei Italiens, also Bündnispartner und westliche *fellow traveller*, deren Loyalität sich die SED sicher ge-

Im West-Berliner »Schutzkomitee Freiheit und Sozialismus« setzte sich Hannes Schwenger (vorn in der Mitte) für die Freilassung von Stasi-Häftlingen ein (rechts Wolf Biermann), Dezember 1976

glaubt hatte. Meine Forderungen nahm Dr. Kittelmann unwillig entgegen und beantwortete sie mit Nachfragen höherer Stellen, deren Ohr er besaß. Immerhin war mir nicht entgangen, daß er zum Troß seines Ministerpräsidenten beim Treffen mit Willy Brandt in Kassel gehörte. Wir gingen also zu Hofe, wie Heinrich Böll das nannte. Machten wir uns damit mitschuldig?

Wenn wir Menschenrechte einforderten, wo es keine gab, riet Heinrich Böll, dann sollten wir uns bewußt sein, wohin wir gingen. »Ich habe meine Erfahrungen gemacht, auch für manchen eine Gunst erreicht. Bloß für den, der die Gunst erhält und der rauskommt, wenn er raus will, ist es eine Gnade. Und Gnade gehört in feudalistisch-totalitäre Systeme. Wer die Macht hat, kann Gnade erteilen, kann gnädig sein. Ich bin eher für Recht vor Gnade.« Wer will ihm widersprechen?

wir sind schuld
an unserer unschuld
wir geben denen unsere stimme
über die wir sonst nur witze machen
wir gehen auf die straße
und demonstrieren
für die
die wir verfluchen
wir werden genosse
von denen
man es niemals sein dürfte
wir kaufen die zeitung
die wir nicht lesen
wir sind schuld
an unserer unschuld

Günter Ullmann,
Greiz in Thüringen, 1979

FREYA KLIER

Ohne mich.

Stachel im faulen Staatsfleisch

Als ich drei Jahre alt bin, gehen meine Eltern tanzen. Fahren mit der Straßenbahn, hängen mit einer Traube junger Leute draußen auf dem Trittbrett der langsamen Dresdner Bimmel. Ein Mann springt auf und zerrt, um einen Fuß aufs Trittbrett zu kriegen, meine Mutter runter – sie fällt auf die Straße. Mein Vater, von cholerischem Temperament, drückt dem Ungehobelten die Faust ins Gesicht.

Der Vorgang – unwürdig, aber glimpflich ausgehend. Niemand ist verletzt. Trotzdem kommt mein Vater für ein Jahr ins Gefängnis: Der andere trug Uniform, war Polizist. Und somit hat mein Vater sich an der Staatsmacht vergriffen. Wir haben Dresden 1953.

Meine Mutter, eine Arbeiterin, verliert die Kindergartenplätze für ihre beiden Kinder und wird strafversetzt ans Fließband im Zweischicht-System. Mein Bruder und ich kommen in ein Wochenheim – dort sind wir die Kinder eines Staatsfeindes. Ein Jahr, das uns prägt. Und der Anfang eines langen Reibungsprozesses mit »unserer sozialistischen Heimat«, wie wir bald darauf in der Schule lernen. Er führt über Jungpioniere und Religionsunterricht, über FDJ und Junge Gemeinde, über Nietzsche und Karl Marx.

Und er hat seinen verzweifelten Höhepunkt 1968. Ich beginne ein Schauspielstudium. Mein Bruder, gerade 18 Jahre alt, wird exemplarisch abgestraft: Wegen »schwerer Staatsverleumdung« kommt er für vier Jahre ins Zuchthaus. Ich möchte raus aus diesem Land. Es gibt einen Kontakt zu einer sozialdemokratischen Theatergruppe in Schweden. Ich trete die Flucht an, sie scheitert. Mein Urteil fällt milde aus: 16 Monate. Als ich entlassen werde – noch vor der Zeit –, falle ich nicht ins Leere, sondern in die gütigen Hände der Parteisekretärin unserer Theaterhochschule. Eine Altkommunistin. Sie macht sich die Mühe, den Ursachen meines Fluchtversuches auf den Grund zu gehen. Ich darf mein Studium noch einmal beginnen.

Das passiert 1970, und es ist eine Ausnahme in der Deutschen Demokratischen Republik. Ich sehe darin ein Zeichen. Stürze mich mit neuem Eifer in dieses Land. Versuche nun, mit vielen anderen meiner Generation, endlich den Sozialismus aufzubauen.

Mai 1982

Mich erreicht ein Telegramm – ich soll sofort zurück nach Halle kommen! Dort herrscht helle Aufregung. Gleich am Tag nach der Premiere hat die Nationale Volksarmee über den Rat der Stadt gegen meine Inszenierung interveniert und die Absetzung des Stückes gefordert. Von »Zersetzung der Wehrbereitschaft« ist die Rede, von »deutlich pazifistischen Tendenzen und verwischtem Klassenstandpunkt«. Es sei nicht erkennbar, wer die fortschrittlichen Kräfte seien und wer die Reaktionäre …

Die Theaterleitung verlangt mir eine Uminszenierung ab. Es ist eine groteske Forderung. Denn erstens fand auch sie die Inszenierung gut, und zweitens ist sie ein Erfolg – es gibt schon jetzt eine heftige Nachfrage nach Karten. Der Befehl jedoch kommt »von oben«.

Ich bin kompromißbereit, will die Inszenierung auf jeden Fall retten. Mache im Laufe des Tages immer wieder kleinere Vorschläge, bin auch bereit, empfindliche Spitzen umzuarbeiten und damit abzubrechen. Das reicht nicht aus, die Forderung ist weitergehend: Völlige Uminszenierung des Stückes, außerdem Herausnahme der Frontrevue und statt dessen Brechts »Gewehre der Frau Carrar«. Als ideologischer Ausgleich sozusagen zum Spanier Arrabal.

Ich bin empört und weigere mich, in solchem Ausmaß mitzutun. Am Abend bin ich entlassen. In doppelter Hinsicht, denn von einem Engagement ist nun keine Rede mehr … Auch ein Brief meines kleinen Ensembles an die Theaterleitung ändert daran nichts. Es geht um Stühle. Nicht um meinen, sondern um die Stühle der Theaterleitung.

Januar 1985

In Berlin ist der Winter dreckig. Der Verkehr ist dieser Jahreszeit nicht gewachsen. Eines Nachmittags so gegen 17 Uhr sitze ich in einer Straßenbahn. Büroschluß. Die Angestellten sind auf dem Weg nach Hause. Plötzlich, auf freier Strecke, bleibt die Bahn stehen – ein Grund ist nicht ersichtlich. Aussteigen und Nachsehen fällt flach, da die Türen nicht geöffnet werden. Wir sitzen in der Straßenbahnfalle. Unmut kommt auf. Es ist der Unmut des DDR-Bürgers: der leise zischelnde, der nörgelnde. Hinter mir jammern zwei Frauen, daß sie nun ihre Kinder zu spät abholen, sie jammern leise.

Nach 20 (!) Minuten bequemt sich die Fahrerin nach hinten. Ein Laster steht auf den Schienen, kommt nicht weg. Sie verschwindet, die Türen bleiben zu. Die Bahn steht noch weitere 15 Minuten, bevor das Übel endlich von den Schienen gerollt ist. In solchen Momenten schießt

mir Adrenalin ein, bin ich bis zur Randale gereizt.
Leider bin auch ich ein wohlerzogener DDR-Bürger und bleibe brav sitzen. Spiele »beobachten, wie
sich Leute in solchen Situationen verhalten«. Lausche dem Jammern,
dem Stöhnen, dem Auf-den-Scheißstaat-Meckern, eine halbe Stunde
lang.

Mindestens sieben, acht Leute wissen genau, daß es ihnen jetzt
reicht und daß sie, sobald sie zu Hause sind, eine Eingabe schreiben werden. Darunter ich. Es wird aber nichts dergleichen geschehen. Denn
wenn wir erst zu Hause sind, haben wir derart die Schnauze voll, daß wir
die Angelegenheit so schnell wie möglich vergessen wollen, um überhaupt noch was vom Abend zu haben. Und eine Eingabe bringt sowieso
nichts. Das wissen wir alle. Wenn wir endlich zu Hause sind, werden wir
wieder etwas kleiner geworden sein, das ist alles.

1. Mai 1985
Ich schalte, wie jedes Jahr zum 1. Mai, das DDR-Fernsehen ein. Ein etwas
masochistisches Vergnügen. Schaue hinein in den endlosen Jubelzug, der
sich vorbei an den Tribünen ergießt. Fahnen, Transparente, der Regierung dankende Gesichter.

Ich interessiere mich ausschließlich für den zweiten Teil. Den ersten
überspringe ich, da marschieren die Betriebe. Doch im zweiten Teil mar-
schiert die Kultur. Jedes Jahr schaue ich zu, wie die sich sonst so seriös
gebärdenden Kollegen und Chefs auf einmal wie dressierte Pferde an der

35 JAHRE

Politik für Frieden,
Wohlstand und
soziale Sicherheit

Tribüne vorbeitraben. Wie sie blöde und etwas   *Dresden 1984*
verklemmt hinauflächeln. Manchmal holt die Ka-
mera ein berühmtes Gesicht als Großaufnahme heraus: das kommt dann
besonders gut. Ich brauche dieses Bildschirmerlebnis, weil ich dann vieles begreife in diesem Land.

Doch diesmal habe ich nicht die rechte Freude daran. Als ich schon
ausschalten will, taucht auf dem Bildschirm plötzlich ein Tafelwagen auf.
Drauf – in der Kluft der Roten Matrosen, ein pathetisches Standbild
verkörpernd – die Schauspielstudenten: die Kommissarin, fest in Stand-
bein-Spielbein-Pose die rote Fahne stemmend, um sie herum, malerisch
drapiert, die stehenden und knieenden Roten Matrosen. Eine nicht zu
überbietende Peinlichkeit.

Das nehme ich ihnen übel. Nicht ihre gelegentlichen Saufereien und
Disziplinausfälle, aber das. Daß sie es nicht einmal fertig bringen, sich
einem solchen makabren Auftritt wenigstens durch Erkrankung zu entziehen, das nehme ich ihnen übel. Ihre minutenlang strahlenden Mos-
film-Gesichter, mit denen sie sich gehorsam an den Bonzen vorbeiziehen
lassen. Das macht ihre ständige Ausbruchswut unglaubwürdig.

August 1985
Ich bin mittlerweile völlig kaltgestellt. Wurde kommentarlos aus dem
Theaterverband ausgeschlossen, aus der Arbeitsgruppe Ungarn, aus der
Fachkommission für DDR-Dramatik.

Ich habe bisher einige Kollegen und ehemalige Mitarbeiter getroffen, auf der Straße oder in irgendeinem Theater. Sie alle haben ihre Betroffenheit zum Ausdruck gebracht, ihre Sympathie und die Hoffnung, daß ich bald wieder ans Theater zurückkann. Zu einer Solidarisierung an einem wirkungsvollen Ort jedoch hat sich bisher niemand durchringen können.

Alle jammern, wie beschissen es ist. Aber daß es so beschissen ist, weil alle schön den Mund halten, das lassen die meisten gar nicht erst an sich ran.

Dezember 1985

Die DDR-Kultur ist ein Klima, in dem sich die kalten, glatten Karrieristen am besten halten. Sie beherrschen heute weitläufig und im engen Tête-à-tête mit dem SED-Zentralkomitee die Kultur. Partizipieren dafür an deren Privilegien und – was durchaus wichtiger ist – an deren Macht. Ihnen zur Seite, aber de facto unterstellt, ein Heer von traurigen Mitarbeitern. Allzu oft mußten sie in der Vergangenheit zusehen, wie anderen die Instrumente gezeigt wurden; das hat sie eingeschüchtert und dankbar dafür gemacht, daß sie verschont blieben. Sie haben nicht die Kälte ihrer Chefs, jeden Stachel im faulen Staatsfleisch mit dem Schneidbrenner zu tilgen. Sie halten nur still. Wenn auch mit großen Bauchschmerzen. Denn der Herr hat ihnen zu allem Übel auch noch einen Verstand verpaßt, mit dem sie vieles durchschauen. Vor allem sich selbst.

Von dieser Konstellation, die sich einer strengen Hierarchie bedient und dadurch besonders arbeitstüchtig ist, ist derzeit die DDR-Kultur geprägt. Menschen von einem anderen Typ, von einer anderen Mentalität, haben keinen Platz. Sie fallen, so sie nicht bereits verstorben sind, durch den Rost. Die einen verkriechen sich in ein Einsiedlerdasein, wo bald kein Hahn mehr nach ihnen kräht. Die anderen kühlen sich den brutal versengten Hintern im frischen Westwind – nach ihnen kräht bald auch kein Ost-Hahn mehr.

Februar 1986

Nach siebenjähriger Zugehörigkeit trete ich aus dem Elternaktiv von Nadjas Klasse aus. Nicht der Kinder wegen – mit denen komme ich prächtig hin. Ich habe jahrelang Wanderungen und Faschingsfeiern mitgemacht, die Kinder ins Theater geschleppt und vor Weihnachten Lichtelstunde mit Kokeln, Pfefferkuchen und Weihnachtsstory bei mir zu Hause veranstaltet. Doch all das kann ich auch ohne Elternaktiv.

Es ist der Eindruck, von der Schulleitung zunehmend mißbraucht zu werden für Erziehungsinhalte, um deren Abschaffung es mir beim Eintritt ins Elternaktiv gerade zu tun war. So wird das Elternaktiv inzwischen vorrangig zur Ausgestaltung von Pioniernachmittagen eingesetzt, auf denen für Wehrerziehung geworben und den Kindern plausibel begründet werden soll, warum gerade im Sozialismus die Meinungsfreiheit so groß geschrieben wird.

Ohne mich. Soll ich den Kindern vielleicht sagen, daß es in diesem Land gar keinen Sozialismus gibt?

Ende Februar 1986
Brigitte ist verurteilt und nach Hoheneck transportiert worden. Zwei Jahre und zwei Monate für Republikflucht, dazu sechs Monate für Verschiebung von Kulturgut: Sie hatte vor Fluchtantritt ihre Bilder von Freunden mit in den Westen nehmen lassen. Sind wir so abgestumpft, daß wir diese Unmenschlichkeit ohne jeden Protest hinnehmen? Wir nehmen damit hin, daß die Neugierde auf andere Flecken der Erde als auf diese muffige Provinz genauso hart geahndet wird wie eine schwere Vergewaltigung, mit dem gleichen Strafmaß bedacht wird, als schlage ich meinem Nachbarn das Nasenbein zu Klump.

Diese Perversion von Rechtsprechung erfährt auch noch eine besondere Zuspitzung: Ein Schauspieler des Dresdener Staatstheaters – ein Hätschelkind der Bonzen und guter Devisenbringer – hat sich kürzlich in den Westen abgesetzt. Während einer Filmerei in Wien. Damit hat er also das gleiche Delikt begangen wie die Malerin B.

Doch es gibt einen Unterschied. Sein plötzlicher Abgang bringt den Dresdener Spielplan ins Wanken. Händeringend wird dem Flüchtling nun angetragen, er möge doch bitte seine Flucht in ein Dreijahresvisum umwandeln und wenigstens zwei seiner Rollen in Dresden weiterspielen … (Der Deal scheitert lediglich am Dresdener Schauspiel-Ensemble, das auf die Barrikaden geht und mit dem Verräter nicht mehr spielen will.)

Das ist nun die Perversion der Perversionen. Für ein und dasselbe Delikt sitzt ein Mensch fast drei Jahre im Knast (davon fünf Monate Einzelhaft), der andere darf es sich im Westen wohlergehen lassen und möchte doch nur bitte ab und an mal vorbeischauen.

Nicht mal böses Lachen kann hier aufkommen. Hier sitzt eine Frau tatsächlich 32 Monate im Knast, und jeder Tag hat für sie 24 nicht enden wollende Stunden.

Eine verzweifelte Wut erfaßt mich. Ich möchte dieses Land zuscheißen.

Mai 1986

Seit Tagen laufe ich mit einer Unterschriftenliste durch die Gegend, belagere meinen Freundes- und Bekanntenkreis. Unterschriften für einen Tschernobyl-Appell, den eine befreundete Gruppe der Friedensbewegung ausgearbeitet hat. Die Forderung an die Regierung der DDR: öffentliche Diskussion über die Gefahren der Atomenergie.

Mache eine deprimierende Erfahrung: Die Bereitschaft der Menschen in diesem Land, sich für Fragen von existentieller Tragweite zu engagieren, ist aufs Unerträgliche gesunken, wenn dafür auch nur kleine Unannehmlichkeiten drohen. Alle sind von der Katastrophe in Tschernobyl tief betroffen. Jedoch nicht tief genug, um die eigene Feigheit zu überwinden. Man schiebt die erbärmlichsten Gründe vor, um nicht unterschreiben zu müssen. Und bei jedem, den ich persönlich kenne, weiß ich ein wenig um den wirklichen Grund: Die eine will eine Boutique aufmachen und braucht eine Lizenz, der andere hat eine West-Reise in Aussicht, und die dritten halten ganz still, damit ihr Kind einen Studienplatz erhält ...

Ein paar naive Unterschriftensammler haben sich zu Staatskünstlern und Schriftstellern aufgemacht; dort soll es besonders finster ausgesehen haben. Die sind völlig eingesackt, seit sie ihre großen Reiseprivilegien haben. Wie sehr der Staat die Menschen im Griff hat, das wird mir bei dieser Unterschriftensammlung deutlich wie lange nicht.

Zwei Gruppen gibt es, die unterschreiben: diejenigen, die wirklich noch aufrecht stehen. Die ein Bewußtsein haben und bereit sind, für wichtige Entscheidungen auch einiges in Kauf zu nehmen. Das sind die eher Stillen und eben nicht die, die der Westen so gern lobt. (Und weil sie politisch so still halten wie erwartet, lobt sie jetzt zunehmend auch die SED.)

Die zweite Gruppe besteht aus Leuten, die einen Ausreiseantrag gestellt haben. Mit ihrer Unterschrift hoffen sie ihre Ausreise beschleunigen zu können. Breche die Unterschriftensammlung deprimiert ab. Zwei Freundschaften sind schon krachend in die Brüche gegangen. Jetzt meldet sich langsam mein Selbstschutz.

September 1986

Mitunter frage ich mich, ob es überhaupt noch Sinn macht, sich in diesem Land zu verschleißen. Es gibt in der Tat kaum Anlaß zu großen Hoffnungen: Die Intellektuellen haben sich weitgehend mit dem Staat arrangiert, zum gemeinsamen Vorteil. Wer es satt hat, sich zu arrangie-

ren, geht unmittelbar in den Westen. Auch die Kirche hat sich weitgehend mit dem Staat arrangiert, auch zum

»Völlig aussichtslos« – Ausweiskontrolle am Ost-Berliner Alexanderplatz, 1980

gemeinsamen Vorteil. Der Durchschnittsbürger hat sich mit dem Staat arrangiert – und seit es Verwandtschaftsreisen in den Westen gibt, schwappt eine Welle der Anpassung übers Land, die ekelerregend ist. Denn ebenso wie die Dienstreisen werden auch die privaten vorwiegend fürs Duckmäusertum vergeben.

Und die Jungen – die fragen uns, warum wir uns so aufreiben für eine Sache, die doch völlig aussichtslos ist. Sie stehen diesem Land fremder gegenüber als wir, und die meisten würden es lieber heute als morgen verlassen ...

Wenn der Chor derer, die mehrstimmig verkünden, daß es hier immer schöner wird, von Tag zu Tag anschwillt, dann müssen wir eben auch lauter gegen diese Lüge anschreien.

September 1987
Elternabend in Nadjas Schule. Extra anberaumt, um die nach dem Honecker-Besuch in Bonn neu erarbeitete Erziehungslinie zu verkünden. Habe nach diesem Besuch wenigstens auf einen geringfügigen Abwurf von verlogenem ideologischem Ballast gehofft. Statt dessen tritt, per Anweisung, der FDJ-Rat in Blauhemd und mit peinlichen Lippenbekenntnissen über die gewachsene Liebe zum sozialistischen Vaterland vor uns. Die staatsbürgerliche Erziehung, so erfahren wir anschließend

Freya Klier und Stephan Krawczyk in West-Berlin, wenige Tage nach ihrer Ausreise im Februar 1988

durch die Lehrerin (sie ist zugleich Parteisekretärin der Schule), werde intensiviert … »Mit Begriffen, die jetzt öfter in unserer Gesellschaft auftauchen und zumeist falsch interpretiert werden – zum Beispiel Demokratie –, werden wir uns gründlicher auseinandersetzen.«

Zum erstenmal in all den Schuljahren raste ich aus. Teile der Lehrerin mit, daß ich nicht mehr bereit sei, Nadja am Verdummungsunterricht »Staatsbürgerkunde« teilnehmen zu lassen. Verweise auf die Entwicklung in der Sowjetunion und frage sie, wie sie gedenke, weiterhin wie bisher sowjetische Geschichte zu unterrichten, wenn im Mutterland inzwischen »gesichertes Wissen« als Geschichtslüge zur Diskussion stehe.

Die Lehrerin, weiß im Gesicht, bittet mich, das Thema zu beenden. Ich sage nichts mehr. Beginne schon wenig später, meine Unbeherrschtheit zu bereuen, denn ausbaden muß das Ganze jetzt Nadja. Unsere Kinder sind die Geiseln der Volksbildung. Da wir das ganz genau wissen, sitzen wir jahraus und jahrein wie die Schellfische auf den Elternabenden herum.

Das Bedrückendste an diesem Abend ist nicht die Parteisekretärin, das Bedrückendste sind die Eltern. Die alle schweigend dabeigesessen haben. Und die nun draußen, schön außer Reichweite, begeisterte Zustimmung zu meinem Redebeitrag äußern.

Komm gehn wir
Jetzt bin ich soweit
Komm gehn wir
Ich hab den Kram satt
Lasses Geschirr los
Lasses Fenster offen
Laß falln was dich hält
Wenn dus hältst

Komm gehn wir
Ich mach es uns leicht
Komm gehn wir
Hier ist man sich selbst genug
Laß alles wies ist
Wenns sein muß jetzt
Musses sein du weißt
Dasses sein muß

Komm gehn wir
Wie Sonne nach dem Einfall
Komm gehn wir
Wie Kerzen gehn so
Gib deine Sicherheit auf
Die sauberen Fenster
Gib auf diesen Satz
Bleib nackt und komm

Komm gehn wir
Wie im Märchen
Komm gehn wir
Wie da gegangen wird
Lasses wies ist
Lasses funktionieren
Lasses den Namen tragen
Machs jedenfalls nicht mit

Uwe Kolbe,
Ost-Berlin, 1981

»Kasernenhof mit Einfahrtverbotsschild«,
Aquarell von Manfred Butzmann, 23. Oktober 1976

STEPHAN KRAWCZYK

Bei den Grundsätzen.
Von Mitgehern, Mitläufern und Mittätern

Mitlaufen als Steigerung von Mitgehen. Mit der Zeit zu gehen ist etwas ganz anderes als mit der Zeit zu laufen. Der Zeit nachzulaufen. Neben der Zeit zu sein, ist ja nicht möglich, ohne in ein anderes Bedeutungsfeld zu geraten, das selten gehend, noch seltener laufend beackert wird. Eher stehend, sitzend oder liegend. Der Einsiedler. Hingegen vor der Zeit zu sein, bedeutet, der Zeit voraus, in einer anderen Zeit zu sein, abgeschlossen, unerreichbar für jene, die in der Zeit sind. Und umgekehrt ist es derselbe Schuh.

Die Gesellschaft ist gesetzt. Die Plätze sind von Jahrtausenden zugewiesen. Der Freiheitsgedanke stammt aus den Gefängnissen, deren Gitter bisweilen so kunstvoll geschmiedet waren, daß sie dem Blick in die Tiefe des freien Raums das Motiv entzogen.

Die Demokratie bedient sich des Tricks mit der Mehrheit, die hinter sich zu bringen eine nachzurechnende Angelegenheit ist. Der Sozialismus hat der Zahl mit Demagogie nachgeholfen. Man hatte die Wahl zwischen keiner Wahl und nicht wählen zu gehen. Wählen gehen. Man tat in der DDR so, als würde man wählen gehen. Dabei war es doch der Festtag des Mitläufers.

Für jene, die nicht mitlaufen konnten, kam die fliegende Urne nach Hause. Einige wollten nicht mitlaufen und warfen statt dessen einen Stein ins Wasser. Die Kreise wurden größer, niemand wußte, welches Blatt davon gewendet würde.

Nachdem ich mit achtzehn einmal wählen war, hatte ich keine Lust mehr dazu. Es kam mir affig vor. Die Zahlen waren schon vorher bekannt. Das Zehntel hinterm Komma machte die Sache nicht vernünftiger. Ich ging also nicht wählen – obwohl ich in der Einheitspartei war. Nie hat man mich deswegen angesprochen. Eigenartig, denke ich heute. Von anderen wußte ich, daß sie darauf angesprochen wurden. Einer hatte gesagt:»Laßt mich mit eurem Mist in Ruhe.« Daraufhin wurde er nicht mehr angesprochen. Ob man ihn in den Westen hätte fahren lassen, hat er nicht auf die Probe gestellt. Da hätte es sich entschieden.

Wahrscheinlich wäre der Normalfall eingetreten, daß er eben nicht in den Westen hätte fahren dürfen. Glücklicherweise hatte er keine Ver-

»Festtag des Mitläufers«,
Ost-Berlin 1967

wandten im Westen, zu deren Beerdigung man
ihm die Ausreise hätte verweigern können.

Meine Mutter ist bis zu meiner Abschiebung
in den Westen im Februar 1988 wählen gegangen. Als ich sie nach dem
Warum fragte, sagte sie: »Warum soll ich'n nich wählen gehen?« Hätte
ich ihr einen Vortrag gehalten, hätte sie mir einen Vogel gezeigt. Außerdem fühlte sie sich im Moment des Zettelfalls weniger unwichtig als
sonst, wo sie Politik als für die »Großköppe« gemacht empfand. Sie gab
keine Auskunft darüber, wen sie gewählt hatte.

Die Stasi wollte sie dafür gewinnen, an bestimmte Leute gerichtete
Briefe zurückzuhalten und der Stasi zu übergeben. Sie fühlte sich in ihrer
Ehre als Briefträgerin verletzt und hat die kalte Schulter gezeigt. Eine
Mitläuferin war sie nicht, höchstens eine Mitgeherin – bis dahin und
nicht weiter. Es gab Grundsätze. Dazu gehörte, die Pflicht nicht zu ver-
letzen. Wem gegenüber sie sich in der Pflicht fühlte, war durch ihr Auf-
gabenfeld klar abgesteckt: Familie und Arbeit, Mutter und Briefträgerin.
Sie war zur Mitgeherin gewachsen.

Ein Großteil der Mitmenschen, auf die sich selbst die Demokratie
verlassen kann, ist zum Mitläufer gewachsen. Wäre es anders, hätte weder der Faschismus noch der Kommunismus stattfinden können. Wie
soll man die fehlende Zivilcourage anders beklagen als mit lautem Weh-
geschrei? Warum verrät der Sänger den Sänger, die Geliebte den Gelieb-
ten, das Kind das Kind in sich vor der Zeit?

Sind falsche Grundsätze die Früchte der Jahrtausende? Das Indi-

viduum scheint in die Umstände zu fließen. Gegen den Strom zu schwimmen, gegen den Wind zu laufen. Hat man die Kraft dazu und will sie auch darauf verwenden und nicht in eine schnellere Gangart mit dem Wind, steht man gut da im Auge

»Alle Vorteile, die eine Diktatur für ihre braven Bürger bereithält« – Trabant vor Wochenendhäuschen, 1983

des moralischen Betrachters, der mit seinem christlichen Weltbild bald am Ende des Verständnisses angekommen ist.

Mein Bruder war Parteisekretär der SED im Chemiefaserkombinat Schwarza. Doch seine Grundsätze hätten nicht zugelassen, den Bruder zu bespitzeln – und er wurde nicht dazu aufgefordert. Hätte ein anderer meines Bruders Job gemacht, und wäre dieser der Bruder eines verbotenen Liedermachers gewesen, wäre es auf Grund anderer Grundsätze vielleicht anders ausgegangen.

Liegt es in der eigenen Entscheidung, Mitläufer oder kein Mitläufer zu sein? Wenn ja, woran wurde diese Entscheidungsfähigkeit geschärft? Wie kommt es, daß der Mehrheitler mitläuft? Ist er nicht imstande, eine Entscheidung gegen seine Existenz als Mitläufer zu treffen? Warum er nicht, andere hingegen schon?

In einem westdeutschen Internat für Kinder von Reichen wurde in den achtziger Jahren ein Junge von den anderen der Klassenstufe gequält. Nacht für Nacht kamen sie an sein Bett, klappten es gegen die Wand oder schütteln einen Kübel mit kaltem Wasser über dem Schlafenden aus. Es kam der Tag, an dem sich der Junge entschloß, wie die anderen zu sein. Es gelang ihm, man ließ ihn in Ruhe – für vierzehn

135

Tage. Länger konnte und wollte er sich nicht verstellen. Er steckte lieber die Mißhandlungen ein, als nicht der zu sein, zu dem er gewachsen war: Zum sensiblen klugen Menschen mit Sinn für des Lebens Verfeinerung. Die Machtspiele der anderen waren dumm, grob und fremd. Er hätte sich selbst verloren, wäre er der feigen Verlockung dazuzugehören erlegen.

Wer der Ansicht ist, es gebe eine innere Bestimmung, tut gut daran, dem eigenen Klang, der Seelenstimme nachzuspüren. Wie Sokrates, dessen Daimonien ihm davon abgeraten haben, eine Tat zu tun, die nicht edel ist. Man kann dieser verfeinerten Ausdrucksweise des Göttlichen im Menschen nichts befehlen. Wer gegen sie handelt, wird über kurz oder lang an sich selbst erkranken.

Der Mitläuferkrankheit versucht der Mitläufer durch Anerkennung vom Staatswesen zu entrinnen. Die Auszeichnung, das Zuckerbrot der Diktaturen, erhebt den Mitläufer für kurze Zeit aus der Masse. Mit den Lungen voller Luft taucht er wieder in die Masse ab. Die Luft ist schnell verbraucht.

Am ersten Mai 1983 zur Kampfdemonstration der Werktätigen hatte Heino P. Anspruch auf zwanzig Mark, weil er ein großes Transparent an der Tribüne vorbei getragen hat. Heino P. verzichtete auf die Belohnung und sagte abends in der Kneipe: »Wer weiß, wozu das gut war.« Und prompt wurde er zwei Monate später Aktivist der sozialistischen Arbeit mit einer Prämie von einhundertachtzig Mark. »Da kann man doch nicht meckern«, sagte Heino P., weitab von der Einsicht, Mitläufer zu sein, und gab einen aus.

Irgendwo muß der Mensch mitgehen, es gibt wenige Einzelgänger. Verlangt das äußere Leben eine schnellere Gangart, um den Anschluß an das Bestimmende nicht zu verlieren, legt man einen Zahn zu. Rät einem keine innere Stimme mit Grundsätzen davon ab, bedarf es einer Geschichtszäsur. Sonst bleibt der Mitläufer für immer im günstigen Licht stehen – mit allen Vorteilen, die eine Diktatur für ihre braven Bürger bereithält. Telefon, Auto, Reise. Nicht immer warten müssen, auch mal bevorzugt werden. Der Mitläufer weiß, wie es die Macht haben will. Er will es selbst auch so haben. Ordnung und Sicherheit, an deren Herstellung er nach Kräften mitwirkt.

Der Innenhof des Geraer Wohnblocks, in dem meine Eltern wohnten, war ein Parkplatz für die Autos der Mieter. Jedes Auto war mit einer Parkkarte versehen. Manchmal standen Autos ohne Parkkarte im Hof und blockierten Parkplätze regulärer Parkkarteninhaber. Normalerweise betrat mein Vater nach der Frühschicht Punkt sechzehn Uhr den Korridor. Im selben Moment schenkte meine Mutter im Wohnzimmer den Kaffee ein. Als er einmal Viertel nach vier eintrat, sagte Mutter: »Ich weiß nicht, ob der Kaffee noch richtig heiß ist.« – »Ich hab' keinen Parkplatz gefunden.« Während er den Zucker umrührte, fluchte er: »Wenn ich was zu sagen hätte, würde ich mit den' aber Schlitten fahren.«

War mein Vater ein Mitläufer ohne Gelegenheit zum Mitlaufen? Weil er zu unpolitisch war? Mit vierzehn aus Schlesien geflohen, mit

ANERKANNTER BEREICH VORBILDLICHER ORDNUNG, SICHERHEIT, SAUBERKEIT UND DISZIPLIN

neunzehn in den Uranberg eingefahren und schon als junger Mann strahlenkrank, konnte ihm niemand

DDR 1985: »Anerkannter Bereich vorbildlicher Ordnung, Sicherheit, Sauberkeit und Disziplin«

mehr das Himmelreich versprechen. Politik hat ihn nicht interessiert. Und doch warf er sich nicht nur einmal vor: »Wenn ich Anfang der fünfziger Jahre zur Kasernierten Volkspolizei gegangen wäre, würde ich jetzt aber anders dastehen.« Er wollte etwas zu sagen haben. Die Sehnsucht des kleinen Mannes nach Macht ist ein geflügeltes Wort. Ohnmacht bringt Ungeheuer hervor.

Das wird wieder keiner gewesen sein,
da waschen sich alle die Westen rein,
da wolln wir nicht so genau hinsehn.

Die Unterlagen im Panzerschrank
sind weggeschlossen, na Gott sei Dank.
Da könnt ja womöglich was drinstehn.

Das soll nun keiner gewesen sein,
da wirft wieder jeder den ersten Stein.
Wer hat denn den Dreck nun am Stecken?

He, Kumpel, wir wolln doch mal ehrlich sein,
was flog denn das Kind in den Brunnen rein.
Könnts schwimmen, müßt es nicht verrecken.

Das wird wieder keiner gewesen sein,
da könnten wir uns doch getrost verzeihn
und endlich das Ganze vergessen.

Noch besser wär's, fänd' sich ein Sündenbock.
Der hat sich die Suppe dann eingebrockt,
dann soll er sie schließlich auch fressen.

Diesen Text schrieb ich im Januar 1988 im Stasi-Knast Hohenschönhausen. Ich hatte Schreiberlaubnis. Man wollte sehen, womit ich mich befasse. Das vollgeschriebene Blatt Papier mußte ich abgeben. Dafür bekam ich ein leeres Blatt. Den Text hatte ich vorher auswendig gelernt. Die Blätter sind in den Akten archiviert.

Da ich mir beim Dichten angewöhnt habe, die absurdesten Gedankensprünge im Manuskript zu vermerken, wirken die Blätter wie Notizen aus der Anstalt – in der ich ja gewissermaßen gewesen bin. Man konnte am jeweiligen Klang der Stiefelschritte den Wärter erkennen, die charakterlichen Unterschiede zwischen Mitläufer und Mittäter. Jeder nach seiner Manier.

Mittags durfte ich raus. In Uniformmantel, Koppel, Fellmütze, Ausgangsuniformjacke mit Kragenbinde, Ausgangsuniformhose, grünem Armeepullover, langem Armeeunterhemd, langer Armeeunterhose, grauen Socken und schwarzen Halbschuhen stand ich an der Bushaltestelle vor der Kaserne und überlegte, ob ich es bis zur Zugabfahrt in Pasewalk auf vier Bier bringen werde. Um meinen Hals lag der eisige Stallberger Wind. Im Bus sah ich die ersten Zivilisten. Das Gefühl, ein Arsch zu sein, kühlte meine Urlaubsstimmung. Ich stieg eine Station zu früh aus und lief zum Bahnhof.

Auf dem Bürgersteig kam mir ein fremder Offizier entgegen. Meine schwarze Reisetasche trug ich in der rechten Hand, der Grußhand. Ich

wechselte nicht rechtzeitig und kam nicht zum Gruß, als wir auf gleicher Höhe waren. Ein Blick aus den Augenwinkeln *Stephan Krawczyk singt trotz Auftrittsverbots im Juni 1987 in der Ost-Berliner Samariterkirche* verhieß Unheil. In dem Moment schrie er »Kehrt!«, blieb selbst aber nicht stehen, sondern legte noch einen Schritt in seine Richtung zu. Ich rannte ihm nach, überholte ihn, brachte zehn Meter zwischen uns und ging wieder auf ihn zu, die Tasche mittlerweile in der Linken. Er schrie wieder: »Kehrt!« Ich mußte gehorchen. Der Kerl war bewaffnet und besaß die Macht, meinen Urlaubsschein zu zerreißen. Dann hätte ich nach Stallberg zurückgemußt. Schon war er wieder an mir vorbei. Ich überholte ihn wieder. Er ließ mich fünfzig Meter laufen, bevor er sein Wort schrie. Wir näherten einander von neuem. Ich passierte ihn mit akkurat gewendetem Kopf und grüßte – Unterarm und Hand mußten eine Linie bilden, wenn man die ausgestreckten Finger an der rechten Schläfe anlegte. Der Schweiß brach mir aus den Poren. Am Bahnhofslokal hing ein Schild: »Wegen Inventur geschlossen«.

Dies geschah mir mit neunzehn Jahren, als ich im wahrsten Sinne des Wortes zum Mitläufer gemacht wurde. Die Kunst kam mir später zu Hilfe. Mit der Artikulation des Widerwillens gegen die Lüge der Macht, die DDR sei das Beste, was die Welt zu bieten hätte, fiel ich aus den Möglichkeiten mitzulaufen. Ich setzte mich hin, dachte nach, wie man die Umstände überlisten könnte, und kam doch immer wieder bei mir selber an. Bei den Grundsätzen.

Probleme

bei müllers ist der fernseher kaputt
bei meyers das auto
herr schulz braucht neue jeans
seine frau einen neuen mantel
was wissen schon die in den gefängnissen
von unseren problemen

Günter Ullmann,
Greiz in Thüringen, 1979

Drei Affen, schuldlos.
Eine offene Rechnung

Eine vertraute Figur in den Wohnzimmer-Vitrinen meiner Kindheit: Drei nebeneinander sitzende Affen – einer hält sich die Augen zu, der neben ihm die Ohren und der dritte den Mund. Ich verstand nicht, warum man etwas nicht sehen, nicht sagen und nicht hören sollte.

Seit ich zugesagt habe, ein paar Gedanken zur Spezies der Mitläufer aufzuschreiben, werde ich sie nicht mehr los. Morgens, sobald ich mich

»Verhaftung sinnvoll, um andere Kollegen von einem Ausreiseantrag abzuhalten« – Sibylle Schönemann bei Dreharbeiten der DEFA, 1983

der Wirklichkeit nähere, noch fast mit Geist und Seele im Land der Geheimnisse, da sitzen sie auf meiner Bettkante, den Blick bedrohlich auf mich gerichtet. Mit Wut und Verachtung stelle ich meine Füße auf den bordeauxroten Teppich und steige in meinen Tag.

Spontan würde ich sagen: Ich kann Mitläufer nicht leiden, mir ist unwohl, wenn meine Gedanken sie nur streifen. Ebenso unangenehm ist der Gedanke, daß ich mich mit dieser Verachtung auf eine »höhere Stufe« stelle. Da ist eine Rechnung offen, die ich nie werde aufstellen

können, weil es in Wahrheit auch um Menschen geht, die mir wichtig waren … und das schmerzt.

Eine Theorie besagt, es gebe neben Tätern und Opfern nur das Heer der Mitläufer. Daß ich zu den »Opfern« gehöre, war in meiner Biographie eigentlich nicht vorgesehen. Was wäre gewesen, wenn man mich nicht zum Opfer gemacht hätte? Wäre ich »Mitläufer« geworden? Täter jedenfalls nicht, da bin ich mir sicher. Mein Glaube an Gerechtigkeit sowie meine Überzeugung, daß man dafür verantwortlich ist, sich um eine eigene Meinung zu bemühen und sie auch zu äußern – für einen Mitläufer ist das wohl eher untypisch.

Wer sagt schon von sich, er sei Mitläufer gewesen und habe durch sein Mit-Laufen, durch Tatenlosigkeit und Schweigen zum Erhalt des Systems beigetragen? Kann man sich durch Nichtstun schuldig machen?

Ich würde Feigheit als wesentlichstes Merkmal von Mitläufern bezeichnen. Feiglinge sind auch Angstlinge. Angstlinge sind auch Sicherheitssuchlinge … sind auch Menschlinge … Meine Verachtung wandelt sich in Milde. Im Kreis der »…linge« sehe ich vertraute Menschen: Verwandte, Freunde, Kollegen, die – so wie das Elsterpaar auf dem Schornstein meines Nachbarhauses – auch nur einen warmen Hintern und ein sicheres Plätzchen haben wollten.

Aber etwas fehlt mir. Ich höre niemanden laut darüber nachdenken, wo seine Schuld liegt. Wenn die Täter Opfer wären, wie es die

Wiedersehen mit ihren Töchtern Luise und Fine – Sibylle und Hannes Schönemann im September 1985 in West-Berlin (in der Mitte die Tochter von Freunden)

Medien gerne berichten, dann wären die Mitläufer erst recht entlastet. Und Haftrichter Weide, heute Richter am Arbeitsgericht Potsdam? Wie konnte er den Richterwahlausschuß problemlos passieren? Ein Opfer der Umstände ... Ich erinnere mich an meine damalige Gewißheit, daß ein Richter keine Unschuldige ins Gefängnis stecken würde. Er diktierte seiner Sekretärin mit Genüßlichkeit routiniert einen mir unverständlichen Text, Formulierungen wie »die Schönemann ist beschuldigt« und »keine Hafthinderungsgründe«. Ich hatte zwei kleine Töchter zu Hause, und just fünf Minuten zuvor hatte Richter Weide Haftbefehl gegen ihren Vater erlassen! Keine Hafthinderungsgründe! Der Richter unterschrieb das Papier, und in dem Moment hatte man mich eingefangen.

Die Chefin der Personalabteilung, Frau Jurisch, unterschrieb eine »Beurteilung«, obwohl sie uns überhaupt nicht kannte, und machte es damit dem Gericht leichter, uns zu verurteilen. Mitläufer oder Täter?

Der Generaldirektor des DEFA-Studios, der gemeinsam mit der Stasi entschied, daß unsere Verhaftung sinnvoll wäre, um andere Kolle-

143

»Unsichtbarmachen im Schatten der Eiligen« –
Begegnung mit dem Stasi-Vernehmer Hollwitz
bei Aufnahmen für »Verriegelte Zeit«, 1990

gen von einem Ausreiseantrag abzuhalten – ein Exempel.

Nach zu Unrecht durchleb-
ter Stasi-Haft wurden mein Ehe-
mann und ich 1985 als »feindlich-negative Kräfte« an den Westen verkauft. Später scheiterte unser Bemühen, aus gestörten Eltern und
verlassenen Kindern wieder eine gesunde Familie wachsen zu lassen.

1990 Vereinigung der beiden Deutschländer in Eile, optimale Rah-
menbedingungen für Täter und Mittäter: sich in den Erfordernissen der
neuen Zeit auflösen, ein Unsichtbarmachen im Schatten der Eiligen.

Neulich erlebte ich, wie ein Herr in meinem Alter in einem Antik-
Laden nach den »Drei Affen« fragte – und die junge Verkäuferin hatte
keine Ahnung, was er meinte. Das könnte doch ein gutes Zeichen sein.

Sie morden wieder auf Befehl.

Vater eines Maueropfers

An meine Kindheit im Krieg habe ich nur blasse Erinnerungen, lediglich an die Bombenangriffe auf Berlin erinnere ich mich noch deutlich. Ich mußte viele Stunden im kalten Keller statt im warmen Bett verbringen. Ich war dreizehn, als 1949 die DDR gegründet wurde. Wir nahmen das irgendwie nicht ernst: Ein Staat ohne Akzeptanz durch seine Bevölkerung – das konnten wir uns nicht vorstellen. Wir sehnten eine Veränderung der Nachkriegs-Verhältnisse herbei. Zwar ging es auch bei uns im Osten etwas bergauf, aber jeder Besuch in West-Berlin zeigte, wie sehr wir wirtschaftlich zurückblieben. Die Propaganda versuchte uns zu vertrösten: Der Wohlstand im Westen existiere nur auf Pump, hieß es. »Die Gelder des Marshall-Plans müssen eines Tages zurückgezahlt werden, dann kommt drüben das große Jammern«, so agitierte man.

Mit Beginn meiner Lehre im Herbst 1950 lernte ich politischen Druck kennen: Der Leiter der Lehrwerkstatt wollte 100 Prozent FDJ-Mitgliedschaft »nach oben« melden. Ich weigerte mich lange, dann drohte er: »Haben deine Eltern vielleicht etwas dagegen? Dann müßten wir uns mal mit ihnen unterhalten!« Was eine solche »Unterhaltung« in der Stalin-Ära bedeuten konnte, wußte jeder. Also unterschrieb ich zähneknirschend. Zu Hause mußte ich mir die bitteren Vorwürfe meiner Eltern anhören: »Da waren wir froh, daß du nicht in die Hitler-Jugend gekommen bist, und jetzt das!« (Nach der Lehre bin ich sofort aus der FDJ ausgetreten.)

Am 17. Juni 1953 schien das Ende des SED-Staates gekommen, leider verflogen diese Hoffnungen schnell – Sowjetpanzer sorgten für »Ordnung«. Die einzige bleibende Veränderung war die Gründung der »Kampfgruppen«, im Volksmund »die rote SA« genannt. Sie sollten jede Widerstandsbewegung im Keim ersticken.

In den Jahren danach hofften wir weiter auf Veränderung und spielten mit dem Gedanken an eine sogenannte Republikflucht. Doch wir waren an die Heimat gebunden: Meine damalige Verlobte und spätere Frau, eine Krankenschwester, wollte ihre alleinstehende Mutter nicht verlassen, das gleiche galt für mich und meine Mutter. Wir konnten den beiden alten Damen die Verhältnisse in einem Flüchtlingslager nicht zumuten, also blieben wir.

Noch bis zum Mauerbau dachten wir, bald müßten doch irgendwelche Reformen kommen. Die Kollektivierung der Landwirtschaft war mit Gewalt durchgesetzt worden, eine regelrechte Massenflucht setzte ein, die Butter war rationiert. Selbst die Kartoffeln wurden knapp.

Mit dem 13. August 1961 zerstob jede Hoffnung auf eine Änderung. Unsere »Regierung« hatte uns eingesperrt und übergoß uns noch mit Hohn. Ich erinnere mich an einen Rundfunkkommentar des Karl Eduard von Schnitzler, der an Zynismus nicht zu übertreffen war. Es wurde ein Spottlied kreiert mit dem Refrain »Klappe zu, Affe tot – endlich lacht das Morgenrot!« Ich hörte es Soldaten auf einem Lkw singen, ihre Maschinenpistolen zwischen den Knien … Man glaubte sich in einem bösen Traum.

Ein weiterer Schock war für uns der Tod eines DDR-Flüchtlings, dessen Bergung vom West-Berliner Reichstag aus gefilmt werden konnte. Wut und Scham empfanden wir, ich wollte laut schreien, als ich die Bilder im Fernsehen sah. Wie war denn das möglich! Angehörige eines Volkes, das wenige Jahre zuvor schwerste Verbrechen begangen hat, sie morden wieder auf Befehl – absolut nichts gelernt! Kein Wunder, daß danach die DDR-Grenzsoldaten im Volksmund »die grüne SS« genannt wurden.

Einer meiner Freunde sagte nach dem Mauerbau: »Der Dreckdampfer DDR hat jahrelang im Hafen gelegen, wir hätten jederzeit von Bord gehen können. Nun sind wir auf hoher See und können nicht mehr abhauen. Wir müssen es uns jetzt so gemütlich wie möglich machen.« So etwa verhielten wir uns. Man ging weiter seiner Arbeit nach, pünktlich und fleißig. Man hat geschimpft, aber man hat sein Leben nicht geändert.

»Küsse die Hand, die du nicht abhacken kannst«, lautet ein arabisches Sprichwort. Viele – auch ich – küßten nur soviel, wie unbedingt nötig: Ich war natürlich nicht in der Partei und nicht bei den Kampfgruppen. Ich habe nie eine Fahne rausgehängt. Vor den »Kampfdemonstrationen« am 1. Mai habe ich mich zunächst gedrückt; ich habe mir immer neue Ausreden ausgedacht und bin nicht hingegangen. Schließlich hab ich mich belatschern lassen: Ich sollte doch bitte Fotos machen fürs Brigadetagebuch …

Man mußte sich etwas anpassen, um nicht ständig anzuecken. Ich

»Formierung zum Marschblock« – die Brigade Horst Schmidts am 1. Mai 1978 in der Ost-Berliner Karl-Marx-Allee

dachte an die Familie. Die Kinder sollten nicht durch einen »politisch unzuverlässigen« Vater belastet werden und einer Sippenhaft zum Opfer fallen. Ich bin zur Wahl gegangen – es war ein Scheißgefühl, den Wahlzettel zu falten. Man wußte, man wird beobachtet. Ich war in der Gewerkschaft (FDGB) und bin letztlich auch in die DSF eingetreten. Anderenfalls hätte man die eigenen Kollegen gegen sich gehabt: »Wir wollen doch die Gelder für den Brigadeabend haben …« Die Mißstände im Betrieb hab ich offen angesprochen, dabei aber nicht an »den Grundfesten des Sozialismus« gerüttelt.

Jetzt haben sie überzogen, hatte ich nach dem Mauerbau gedacht: Niemand wird mehr in die Partei eintreten, es wird viele Parteiaustritte geben. Irgendwann in nächster Zeit bricht dieser Dreckstaat zusammen. Dieser Glaube war nicht falsch, aber leider sollte es 28 Jahre dauern. Bis dahin ging alles seinen sozialistischen Gang.

Natürlich denke ich an diese Zeit nicht nur im Zorn zurück, denn ich erlebte ja die schönste Zeit des Lebens: die Jugend, das Aufwachsen der Kinder … Ich konnte eine Ingenieurschule für Elektrotechnik besuchen und später noch ein Studium zum Fachübersetzer Englisch-Deutsch absolvieren.

Aber man bekam immer wieder den Druck der Diktatur zu spüren. Die politische Beeinflussung der Kinder in der Schule war ein dauerndes Problem, ein regelrechter Spagat wurde uns Eltern abverlangt. Freunde von uns hatten als Katholiken ihre Kinder nicht zu den Jungen Pionieren gelassen. Die wurden dann ständig diskriminiert. Das wollten wir unseren Kindern ersparen.

Meine Tochter durfte wegen unserer West-Verwandtschaft keine Ausbildung zum Facharbeiter für Datenverarbeitung machen, trotz hervorragender Zeugnisse. Unser älterer Sohn, Roland, war zunächst für die Erweiterte Oberschule vorgesehen. Sein Platz ging jedoch an einen wesentlich schlechteren Schüler, der sich verpflichtet hatte, die Offizierslaufbahn einzuschlagen.

Meinen Besuchsantrag nach West-Berlin zum achtzigsten Geburtstag meines Vaters lehnte man im Juni 1984 ab. Wieder einmal wurde klar, daß wir eine Mischung aus Bürgern und Leibeigenen sind. (Erst zur Beerdigung meines Vaters durfte ich nach West-Berlin, allerdings ohne meine Frau.) Mein Sohn Michael, er lernte damals Zimmermann, hatte sich über die Ablehnung der Ausreise im Sommer '84 ebenfalls sehr aufgeregt.

Michael war mit den Verhältnissen in der DDR so unzufrieden wie viele andere auch. Das änderte sich schlagartig nach einer Diensttauglichkeitsuntersuchung im Wehrkreiskommando Bernau. Er sollte unbedingt drei Jahre ableisten und wurde deswegen mehrfach vorgeladen. Er weigerte sich immer wieder. Schließlich wurde er gefragt, ob er auch bereit sei, an der Staatsgrenze seinen Dienst abzuleisten. Michael hielt nie mit seiner Meinung hinter dem Berg, und so antwortete er, daß er nicht daran denke, unbewaffneten Leuten in den Rücken zu schießen. Der Offizier, ein Oberstleutnant, bekam daraufhin einen regelrechten Wutanfall und warf ihn praktisch hinaus.

Von diesem Zeitpunkt an steigerte sich Michaels Unzufriedenheit mit dem Staat DDR zu blankem Haß. Wir versuchten vergeblich, ihn zu beruhigen, sagten ihm, daß Brüllerei nun einmal zu jeder Armee der Welt gehöre, und er komme ja nun mit Sicherheit nicht an die Grenze.

»... er denke nicht daran, unbewaffneten Leuten in den Rücken zu schießen.« Horst Schmidt mit seinem Sohn Michael, 1980

Am 1. Dezember 1984 versuchte Michael, über die Mauer nach West-Berlin zu flüchten. Zwei Grenzsoldaten schossen auf ihn. Der tödliche Schuß traf Michael in den Rücken.

Ich ging nach Michaels Tod noch einmal wählen – ich strich alle Namen auf dem Wahlzettel durch. Nach dem Mauerfall galt meine erste Sorge dem Auffinden von Unterlagen zum Tode Michaels. Ich nahm an, daß alles vernichtet worden war; doch es gab eine dicke Akte, die ich allerdings nicht einsehen durfte.

Von der bundesdeutschen Justiz, vom Rechtsstaat überhaupt hatte ich illusionäre Vorstellungen. Am ersten Prozeßtag im Kriminalgericht Berlin-Moabit 1992 sollte es direkt um Michaels Tod gehen. Zu Beginn verlas ein Verteidiger das Gutachten eines »Staatsrechtlers«. Dieses Pamphlet hätte ungekürzt in der SED-Zeitung *Neues Deutschland* stehen können. Einige Zeit glaubte ich, die Vorsitzende Richterin würde das Verlesen der Propaganda unterbrechen und den Verteidiger zur Ordnung rufen, aber nichts geschah. Meine Frau war den Tränen nahe. Sie hat mich nie mehr zum Landgericht begleitet, auch nicht zu den Prozessen gegen Mitglieder des SED-Politbüros, wo ich Nebenkläger war.

Der Mauerschützen-Prozeß endete so enttäuschend, wie er begonnen hatte. Das Gericht stufte den Mord an meinem Sohn zum »Totschlag im minder schweren Fall« herunter. Da werden auf einen unbewaffneten Jungen 57 Schüsse abgegeben, die Täter schleifen den Schwerstverletzten an den Armen in einen Grenzturm, leisten keine Erste Hilfe, obwohl nach Zeugenaussagen mein Sohn um Hilfe flehte. Erst Stunden später kam Michael in die Hände eines Arztes, da war es zu spät. Das nächste Krankenhaus wäre vom Tatort mit dem Auto in fünf Minuten zu erreichen gewesen.

Die beiden, die meinen Sohn auf dem Gewissen haben, hätten gar nicht zur Grenze gemußt, das war freiwillig für sie. Und jeder wußte ja, was da Sache ist.

Und für diesen Mord hat es Bewährungsstrafen gegeben! Die Verurteilten sind dennoch in Revision gegangen.

Hat man denn völlig vergessen, was ein Menschenleben ist? Sehen wir zu viele Morde im Fernsehen, um noch ermessen zu können, was das Töten eines Menschen wirklich bedeutet? Wenn die Mörder meines Sohnes auch noch einen Freispruch erreicht hätten, ich glaube, ich wäre wahnsinnig geworden.

Bleibt noch ein persönlicher Rückblick: Was hat man falsch gemacht? Falsch war es, auf Reformen zu hoffen – der Parteiapparat war völlig verknöchert. »Hoffen und Harren hält manchen zum Narren.«

Es ist bitter zu sehen, wie die kleinen und großen SED-Funktionäre, die Propagandisten und anderen Schmarotzer nach dem Mauerfall abtauchen und später wieder auftauchen konnten. Es war eben keine Revolution. Doch wir wollen zufrieden sein – der Zusammenbruch der zweiten deutschen Diktatur hätte viel übler ausgehen können.

Zur Begründung der Bewährungsstrafen im Fall Michael Schmidt sagte die Vorsitzende Richterin 1992: »Einige Menschen in der ehemaligen DDR erwarten Sühne. Diejenigen, die sich mit der DDR arrangiert haben, erwarten Verständnis.« Strafmildernd angerechnet wurde den Verurteilten unter anderem ihre Erziehung im Sozialismus. Man habe berücksichtigt, daß sie die Mauer für einen »Friedenswall« gehalten hätten.
1996 fragte ein Staatsanwalt einen der beiden Todesschützen als Zeugen, was wohl passiert wäre, wenn er nicht geschossen hätte. Die Antwort: »Gefreite hatten uns erzählt, dann wird man versetzt oder degradiert. Unannehmlichkeiten …« (siehe R. Grafe, *Deutsche Gerechtigkeit*, S. 85ff., 300ff., 333ff.).
Fast alle angeklagten DDR-Grenzschützen – bis auf sieben – kamen im vereinten Deutschland mit Bewährungsstrafen und Freisprüchen davon.
Nur zwei Dutzend Befehlsgeber von Todesschützen mußten ins Gefängnis.

»Niemandsland II«, Offsetlithographie
von Manfred Butzmann, 1991/92

Aber das machen doch alle!
Erinnerungen ans Anderssein

Außenseiter (1968)
Unsere Lehrerin liest die Namen aller Schüler vor, die auf der Schulfeier
ein Gedicht aufsagen sollen. Ich bin auch dabei, obwohl ich nicht Mitglied in der »Pionierorganisation« bin. Deshalb melde ich mich, um sie

»Aus der Reihe tanzen« – Ulrike Lieberknecht (links außen) in der 8. Klasse, Altenburg in Thüringen, 1970

daran zu erinnern, daß ich keine
Pionierkleidung habe. Man konnte
nie wissen, ob Lehrer es einfach
vergaßen oder darüber hinwegse-
hen wollten. Nicht, daß sie mich dann bei der Feier beschimpfen würde,
weil ich »aus der Reihe tanze«. In sechs Jahren Schule habe ich als
»Außenseiter« schon einigen Ärger bekommen.

Unter tausend Schülern sind zehn nicht bei den Pionieren. Genau
weiß ich es nur von vieren, nämlich von mir und meinen Geschwistern.
Die Lehrer wollen ebensowenig unangenehm auffallen wie ihre Schüler
und wie die meisten Bürger im Staat. Gleichklang, Gleichheit, Gleichschritt sind das, was sie anstreben.

Meine Lehrerin bleibt bei ihrer Entscheidung. Sie empfiehlt mir, einen blauen Rock und einen weißen Pulli anzuziehen. Damit ich nicht so auffalle. Diese Kleidung habe ich schon auf Konzerten unseres Schulchores getragen, sonst hätte ich nicht mitsingen dürfen.

Während der Feier schaue ich mich um und sehe, daß ich von uniformierten Kindern umgeben bin. Ich frage meine Nachbarin spontan, ob sie mir ihr Pioniertuch leiht. Eilig binde ich es um, stolz darauf, den richtigen Knoten zu beherrschen. (Nicht alle Pioniere können den »Pionierknoten« binden.) Dann gehe ich nach vorn, trage mein Gedicht vor, fühle mich aber seltsam verkleidet. Das Tuch paßt nicht zu mir. Ich erröte, fühle mich wie eine Verräterin, schäme mich.

Mit Bangen warte ich auf die Frage meiner Schulkameraden, wieso ich denn ein Halstuch getragen habe. Aber niemandem ist es aufgefallen. Nach diesem Erlebnis bekenne ich mich bewußt zum Anderssein, das mir als Tochter eines Dorfpfarrers von klein auf zugemutet wird. Montags beim Appell habe ich einen knallroten Pullover an.

»Gleichklang, Gleichheit, Gleichschritt« – *FREIE DEUTSCHE JUGEND, 1969*

Als alle Achtklässler auf Klassenfahrt gehen, zur feierlichen Aufnahme in die FDJ, darf ich auf eigene Kosten auch mitkommen. Ziel ist die KZ-Gedenkstätte Buchenwald. Ich habe eine rosafarbene Bluse an, die sich vom Blau der neunzig FDJ-Hemden abhebt. Als die Schulkameraden ihr Gelöbnis sprechen, bin ich stolz darauf, abseits zu stehen.

Westbesuch (1976)

Meine Großmutter Agnes Sparsbrod aus Göschitz bei Schleiz hat eine Bekannte in Malmsheim bei Stuttgart. Diese hat eine Enkelin, die so alt ist wie ich, den gleichen Vornamen trägt, auch im Januar Geburtstag hat und ebenfalls Pfarrerstochter ist. Bei so vielen Gemeinsamkeiten will man uns zusammenbringen. 1965 schreibt die achtjährige Thüringerin zum ersten Mal ihrer Altersgenossin aus Baden-Württemberg.

Wir Mädchen erzählen uns aus dem alltäglichen Leben, das sich ähnelt, jedoch in vielen Details unterscheidet und uns jeweils eine andere Welt vor Augen führt. Es geht meist um die Schule, um Freizeit, Freundinnen, Familie und den Urlaub. Später tauschen wir uns aus über den Streß mit den Eltern, Partys und Partner, aber auch über politische und religiöse Sichtweisen.

Nach zehn Jahren sind wir erwachsen. Ich habe schon neun Monate Haft wegen »versuchter Republikflucht« hinter mir, Ulrike-West ist mit einem DKP-Sympathisanten liiert. Eines Tages schickt dieser Freund einen Brief mit, in dem er mir seine Kritik am Kapitalismus erläutert und die Vorzüge des DDR-Systems preist. Ich habe wenig Hoffnung, ihn schriftlich über die Verhältnisse hier aufklären zu können.

Bald darauf will meine Brieffreundin mit einer Gruppe von DKP-Mitgliedern und Sympathisanten in den Osten reisen – gratis, auf Einladung der SED. Auf ihrem Programm stehen Sehenswürdigkeiten und Betriebsbesichtigungen in Dresden und Leipzig.

Auf dem Leipziger Hauptbahnhof sehe ich Ulrike zum ersten Mal. Ich finde sie sehr nett. Wir beginnen sofort mit dem Erzählen über alles, was wir uns schon immer sagen wollten, und bleiben den ganzen Tag zusammen. Die Reisegruppe nimmt mich freundlich in ihre Mitte auf.

Beim Essen erzähle ich munter drauflos von meinen jüngsten Erfahrungen mit dem sozialistischen Staat und gebe meinen Entlassungsschein aus dem Gefängnis herum. Das gefällt dem Reisegruppenleiter der DKP ganz und gar nicht. Am Ende der Reise sollen die schönen Erlebnisse zu einer positiven Sicht auf die DDR führen. Er widerspricht mir energisch, agitiert und wird schließlich aggressiv. Die Westkommunisten bleiben unbeeindruckt von ihrem Führer und stellen mir weitere Fragen. Auch geben sie mir zu verstehen, ich solle den Reiseleiter nicht so ernst nehmen.

Am Ende des Tages bin ich erschrocken darüber, welche Ähnlichkeit dieser DKP-Funktionär mit den Parteigenossen bei uns hat. Daß sich manche seiner Parteifreunde von solchen propagandistischen Vorführungen nicht beeindrucken lassen, tröstet mich. Die neue Erfahrung, daß es so leicht gelingen kann, derartige DDR-Werbeveranstaltungen zu stören, läßt mich zufrieden heimkehren.

Erstwählerin (1976)
In der kirchlichen Hochschule Naumburg wollen uns die Dozenten nicht nur zu guten Theologen heranbilden, sondern auch zu mündigen Staatsbürgern. Sie erklären uns beispielsweise, wie man eine »Eingabe« (Beschwerde) schreibt, wie man sich Anwerbeversuchen der Stasi leicht widersetzen kann und wie man bei Wahlen eine gültige Neinstimme abgibt. Wir erfahren auch, daß jede Auszählung der Wählerstimmen nach dem Gesetz öffentlich ist und man dort unbedingt hingehen und dabei zuschauen sollte.

Mit zwanzig gehe ich zum ersten Mal wählen – natürlich in der Kabine – und streiche alle Namen einzeln durch. Abends laufe ich dann noch einmal in das Wahllokal. Man weiß nichts mit mir anzufangen, als ich erkläre, ich möchte bei der Auszählung dabeisein. Schüchtern, aber festen Willens, hier meine Rechte wahrzunehmen, schaue ich mal hierhin, mal dorthin und verunsichere die Anwesenden zutiefst. Sie geben laut an, welcher Zettel nicht als Ja-Stimme gelten könne, und diskutieren darüber, was nun auf welchen Stapel gehört. Ich bin nicht in der Lage, alle Ergebnisse nachzuprüfen. Dennoch bin ich auf dem Heimweg tief befriedigt über meinen Mut, diese peinliche Situation durchgehalten zu haben.

Kampf- und Feiertag (1. Mai 1987)
Auf der Dorfstraße ertönt laut die Blaskapelle, und der Demonstrationszug mit allen wichtigen Personen voran nähert sich. Das große Tor zu unserem Pfarrhof ist geöffnet. Unsere drei kleinen Kinder laufen vor das Haus, um zu sehen, woher die Musik kommt. Sie grüßen und winken den Marschierenden zu. Ich stehe dabei und erkläre, was da vor sich geht. Dahinter, in der Toreinfahrt, wäscht mein Mann, der Pastor, in schmutziger Arbeitskleidung seinen Trabi. Es ist nicht sein Feiertag. Das erregt Aufsehen, man fühlt sich gekränkt. Mit Genugtuung nehmen wir dies zur Kenntnis.

Wenn die LPG am Karfreitag, an einem unserer höchsten christlichen Feiertage, zum Kartoffellegen aufruft und niemand der Feldarbeit fernbleiben darf, so müssen wir auch zeigen, daß uns der »Kampf- und Feiertag der Werktätigen« überhaupt nichts angeht. Solche Zeichen

Ulrike Lieberknecht mit ihren Kindern Nora, Agnes und Johanna, 1988

helfen über viele Kränkungen hinweg und lassen uns ein Stück länger in einer fast unerträglichen Lebenslage aushalten. Ein Jahr später wird am 1. Mai wieder auf dem Pfarrhof der Trabi geputzt.

Andere, die nicht mitmarschieren wollen, fahren weg oder verschließen Haus und Hof und ziehen sich nach hinten in den Garten zurück. Eine junge Frau, mit der ich mich angefreundet habe, erzählt mir vergnügt, wie ihre Familie am 1. Mai die eifrigen Beobachter beflaggter und unbeflaggter Häuser austrickst: »Wir hängen keine Fahne raus! Kurz vor dem Maiumzug stecken wir Papierfähnchen in unsere Blumentöpfe auf dem Fensterbrett, und wenn der Zug am Haus vorbei ist, nehmen wir die Fähnchen sofort wieder raus.«

Straßengespräche (1983 bis 1989)
»Nein, ich habe nicht an der Jugendweihe teilgenommen«, erkläre ich als junge Pfarrfrau meiner Nachbarin. »Ich bin konfirmiert. Ich konnte doch nicht gleichzeitig zwei Gelöbnisse abgeben, eines in der Kirche und das andere an den Staat.« – »Das habe ich doch auch nicht gemacht«, antwortet sie. »Ich habe doch nur die Lippen bewegt und das Gelöbnis nicht laut mitgesprochen. Deshalb gilt bei mir auch nur die Konfirmation und nicht die Jugendweihe!«

»Ich mache alles mit, dann habe ich meine Ruhe!« sagt mir eine Bekannte. Und dann: »Warum seid ihr so dumm und macht es euch so schwer im Leben? Die wollen doch nur Zustimmung pro forma: Was du denkst, interessiert die doch gar nicht.« – »Aber du läßt dich benutzen für ihre Propaganda. Ist dir das denn egal?« frage ich. »Ja, das ist mir egal«, antwortet sie.

»Sie tragen doch auf dem Rücken Ihrer Kinder Ihre Überzeugung aus!« schimpft eine Frau auf der Dorfstraße mit mir. Ein schwerer Vorwurf. Sie findet es falsch, daß wir unsere Töchter nicht »zu den Pionieren gehen« lassen. Viele Jahre lang haben wir uns überlegt, wie wir es mit der vom Staat geforderten Zustimmung halten wollen. Wir sind uns einig darin, manches zu verweigern, und sind uns sicher, wir tun unseren Kindern damit keinen Schaden an. In vielen Gesprächen wollen wir ihnen unsere Haltung erklären und geduldig ihre Fragen beantworten. Wir wollen sie zu selbstbewußten Menschen erziehen, die sich rechtfertigen, verteidigen und behaupten können. Trotzdem macht mir dieser Vorwurf, so direkt und fast böse ausgesprochen, zu schaffen. Stimmt er denn?

Alle Eltern erziehen Kinder entsprechend ihrer Überzeugung, ob sie das wollen oder nicht. Mild oder streng, fromm oder liberal, konsumorientiert oder genügsam vermitteln sie dies absichtlich oder ungewollt ihrem Nachwuchs. Auch die vielen Mütter und Väter, die es ihren Kindern leicht im Leben machen wollen und ihnen deshalb beibringen, sich immer anzupassen, nirgends aufzufallen und vor allem nie laut die Meinung zu sagen, tun dies.

Ein Pastorentöchterchen kommt zu Besuch. Sie ist gerade eingeschult worden und erzählt mir von den Jungen Pionieren. »Was, du bist auch Pionier geworden?« frage ich. »Ja, das müssen doch alle«, sagt sie. Ich antworte: »Nein. Das ist freiwillig.« Ich frage ihre Eltern, warum sie sich nicht verweigern. Für Pastoren ist das viel leichter, denn die sind für den Sozialismus von vornherein verloren. »Da hat sie keinen Ärger und wir auch nicht«, meinen sie.

»Sie verbauen doch Ihren Kindern alle Chancen!« wirft mir eine Frau aus unserem kleinen Dorf, wo sich alle kennen, vor. Ich bin erst betroffen, dann verwundert. Weiß diese Frau denn nicht, daß religiöse Menschen in der sozialistischen Gesellschaft viele Chancen gar nicht haben? In ganzen Bereichen wie Schulen und Behörden, Justiz und Polizei sind Christen unerwünscht, weil von den Beschäftigten Distanz zu den Kirchen gefordert wird.

Sehr gute Berufsaussichten und »ein ordentliches Einkommen« haben Christen allerdings, wenn sie den Machthabern ihre Zustimmung geben. Beispielsweise wenn sie immer an den Wahlen teilnehmen, geforderte Unterschriften gegen die Neutronenbombe oder für die Freiheit von Angela Davis leisten, in eine Blockpartei eintreten und am 1. Mai mitmarschieren. Dann stehen auch den gläubigen Staatsbürgern auf dem Karriereweg viele Türen offen.

»Meine Söhne und Töchter können mindestens zwanzig kirchliche Berufe lernen und damit ein zufriedenes Leben führen«, antworte ich. »Sie müssen nicht Karriere machen, um glücklich zu werden.«

Kommunalwahlen (Frühjahr 1989)

Der alte Pastor Georg K. erklärt dem jungen Vikar: »Ich bin nicht so verbohrt, daß ich nicht zur Wahl gehe. Es geht ja um die Bürgermeisterwahlen. Wenn du den nicht wählst, dann macht er auch nichts für dich. Aber wenn ich mal 'ne Fuhre Sand brauche, dann kriege ich die auch von ihm.« Weil wir die Scheinwahlen verweigern, sind wir für manche im Dorf »religiöse Eiferer, die keine Kompromisse eingehen«.

Wir besuchen Bruder und Schwägerin zum Geburtstag und erzählen, daß wir nicht gewählt haben. Die Schwägerin ist schon als junge Theologiestudentin in die DDR-CDU eingetreten. Sie erklärt ihr Unverständnis: «Wenn alle nicht zur Wahl gingen, dann hätten wir Anarchie!«

Ein halbes Jahr später haben wir Anarchie, weil im Mai mehr Menschen als bisher nicht zur Wahl gegangen sind und viele die öffentliche Auszählung überprüft haben. Weil Tausende aus dem Land geflüchtet sind oder zu den Friedensgebeten kommen und friedlich demonstrieren. Diese gewaltfreie Anarchie stürzt die Diktatoren.

Elternbeirat (Sommer 1989)

Unsere zweite Tochter soll eingeschult werden. Ihre Klassenlehrerin ist eine beliebte und erfahrene Mitfünfzigerin aus dem Dorf. Wir kennen uns und halten ab und zu ein Schwätzchen miteinander.

In der ersten Elternversammlung vor den langen Sommerferien fragt sie, wer von uns Müttern und Vätern denn bereit wäre, im Elternbeirat mitzuarbeiten.

Sofort melde ich mich. Einige andere dann auch. Sie nimmt unsere Namen auf.

Ich weiß, die Lehrerin hat mit dieser Frage einen Fehler gemacht. Seit Jahren werden ausgesuchte Eltern einzeln, außerhalb solcher Versammlungen, angesprochen, um andere, denen die Schule mißtraut, möglichst von diesem Ehrenamt fernzuhalten. Aber nun ist es passiert. Ich habe mich öffentlich dazu bekannt, mitarbeiten zu wollen.

Die Lehrerin hat acht Wochen Zeit, einen Ausweg zu finden. Ich vermute, entweder setzt sie sich gegenüber der viel jüngeren, ehrgeizigen SED-Direktorin durch und nimmt mich – gegen die Regel – in den Elternbeirat auf. Oder sie faßt sich ein Herz, sucht mich während der Ferien auf und bittet um Verständnis dafür, daß ich nicht zur Elternvertretung gehören kann. Nichts geschieht.

Im Sommer '89 zeichnet sich ein Wandel im Land ab. Unbeeindruckt davon läuft in unserem kleinen Dorf alles wie immer. Mitte September findet die erste Elternversammlung im neuen Schuljahr statt. Die Lehrerin fängt mich an der Tür ab und fragt:»Wird Ihre Tochter Pionier?« – »Nein.« – »Na, dann können Sie auch nicht im Elternbeirat mitarbeiten!« Ich verstehe den Zusammenhang nicht.

Als einzige nicht berufstätige Mutter habe ich mehr Zeit übrig als alle anderen.

Während der Ferien ist die Frau eines Schaustellers angefragt worden, ob sie mitmachen würde. Sie wohnt nur den Winter über im Ort, kann also nicht das ganze Schuljahr lang ihr Amt ausüben. Sie wird gewählt. Ich bin zu feige, laut zu protestieren, und stimme schweigend dagegen.

Als der Umbruch im Land auch unser Dorf und die Schule erreicht, sucht die junge und ehrgeizige SED-Direktorin meinen Mann, den Pastor, auf und bittet ihn, in der Schule das neue Fach Gesellschaftskunde zu unterrichten. Die Klassenleiterin meiner Tochter, die nicht Parteigenossin gewesen ist, schafft es bis heute nicht, ein klärendes Gespräch mit mir zu führen.

Republikgeburtstag (7. Oktober 1989)
Eine sehr junge, ständig über die Regierung meckernde Nachbarin besucht mich und verkündet fröhlich, daß sie mit ihrem Mann zum 7. Oktober nach Berlin fahren wird, um am 40. Jahrestag der DDR Honecker zuzujubeln. Überall im Land werden für den Staatsfeiertag junge Winker gesucht. Ich bin überrascht: Sie, die ewig unzufriedene Staatsbürgerin, würde das freiwillig tun? Drei Tage kostenlos die Hauptstadt zu erleben, ist in ihren Augen keine Frage der politischen Überzeugung. Für Einwohner eines so öden Dorfes wie unserem ist dies ein Abenteuer, das man unbedingt erlebt haben muß.

Vier Wochen später, am 9. November '89, sitzt sie mit ihrem Mann

Meldung zum Unterrichts-beginn mit dem Pioniergruß, 1987

und den kleinen Kindern im Trabi und fährt in der Nacht des Mauerfalls zwei Stunden bis zur Westgrenze. Man steht im Stau, die Kinder frieren. Dann fahren sie noch einmal drei Stunden lang nach Bayern, um auch noch fünfzig Mark pro Person Begrüßungsgeld extra zu kassieren, die der Freistaat von sich aus zum Bundesgeld dazugibt.

Am nächsten Tag kommen sie zu uns und erzählen von ihrem Abenteuer. Sie wissen von unserem staatskritischen Denken und erwarten verständnisvolle Zustimmung. Wir reagieren zurückhaltend und versuchen, unser Erschrecken zu verbergen.

Morgengruß (Sommer 1990)
Nora geht in die dritte Klasse. Als ich sie frage, was heute in der Schule passiert sei, erzählt Nora, sie sei in dieser Woche mit dem Melden dran. Die erste Stunde beginnt mit dem Ruf: »Achtung! – Frau K., ich melde Klasse drei zum Unterricht bereit.« – »Was, ihr meldet immer noch?« frage ich entsetzt. Ich kann es nicht fassen. Zwar sind der Aufruf »Für Frieden und Sozialismus seid bereit!« und die Antwort der Schüler »Immer bereit!« gestrichen, aber die quasi militärische Ordnung wird aufrechterhalten.

Kurz danach treffe ich eine Lehrerin auf der Straße. Ich erzähle ihr entrüstet, bei ihrer Kollegin K. beginne immer noch die erste Stunde mit einer Meldung.

Sie fragt mich verwundert zurück: »Ja, wie sollen wir denn sonst beginnen? Sollen wir etwa ›Guten Morgen‹ sagen?«

Wahrhaftigkeit (2009)
Heucheln, Schummeln und Betrügen fällt leicht, wenn es alle tun. Das sind gute Eigenschaften für ein angenehmes Leben in der Diktatur. Der Satz »Aber das machen doch alle!« entlastet das Gewissen jedes einzelnen. Die größte Anpassungsleistung besteht im permanenten Lügen. Auch wir Christen können uns dem oft nur schwer entziehen. Das hohe ethische Gut der Wahrhaftigkeit verschwindet dann zunehmend aus der Gesellschaft. Nach dem Ende der DDR ist sichtbar geworden, wie sehr sich viele an Unwahrhaftigkeit und Lüge gewöhnt hatten.

Das kollektive Handeln ersparte es vielen Bürgern, ihren eigenen Weg in der Gesellschaft suchen und sich selbst behaupten zu müssen. Kein Wunder, daß so viele Menschen seit 1990 Probleme haben, sich zu orientieren. Sie lasten dies zu Unrecht der freiheitlichen Gesellschaft an.

Leipzig 1987

Leipzig, 9. Oktober 1989

ERICH LOEST

Wir wollen nichts riskieren.
Mitläufers Nachtlied

Als ich für den Roman *Nikolaikirche* Material sammelte, überließ mir
Pfarrer Christian Führer, einer der wichtigsten Männer dieses Leipziger
Brennpunktes aus den Zeiten des Niedergangs der DDR, einen Brief, der
ihm unter der Tür durchgeschoben worden war. Ich säuberte ihn von
Wiederholungen und Abschweifungen und nahm ihn in meinen Text
auf. Dort ist er im 10. Kapitel zu lesen.

»Sehr geehrter Herr Pfarrer!
Ich schreibe Ihnen, weil mir der Mut fehlt, meine Meinung zur rechten
Zeit am rechten Ort zu äußern. Dieser Brief soll ein Geständnis sein, eine
Beichte gewissermaßen. Aber nicht vor Gott oder vor seinen Dienern,
sondern vor einer Öffentlichkeit besonderer Art, vor einer einmaligen
Zweckgemeinde, die sich allmontäglich in der Nikolaikirche versammelt.
   Wir sind keine oder nur halbherzige Christen, können aber auch
nicht in Anspruch nehmen, überzeugte Atheisten genannt zu werden.
Für Probleme dieser Art brachten wir in der Vergangenheit wenig Zeit
auf. Wir haben uns nach den Berliner Krawallen in das Leipziger Frie-
densgebet eingeschlichen, in der Hoffnung, von gleichen oder ähnlichen
Ereignissen aus dem Lande gespült zu werden. Wir sind kleinbürgerliche
Opportunisten, die selbst in der radikalsten Phase der Auseinanderset-
zung mit diesem Staat vorsichtig sind. Wir wollen nichts riskieren, sondern nur in der Nähe sein, wenn durch andere etwas passiert. Und so
hoffen wir jeden Montag, daß die Hierbleiber mit Staat und Gesellschaft
ins Gericht gehen, beklatschen jede Äußerung, die uns gewagt erscheint,
und kommen uns dabei vor wie Verschwörer. Wir staunen über Wortge-
walt und kritische Schärfe, belächeln stumm jene Träumer, die sich um
Ausgewogenheit bemühen, bedauern alle, die in diesem materiell und
moralisch verwahrlosten Land noch etwas ändern wollen, und denken
nur das Eine: fort, fort, fort.
   Andererseits fehlt uns jedes Verständnis für Nicaragua oder Süd-
afrika, für die Armut in den USA oder für Probleme der Arbeitslosen in
der BRD. Wir verlangen Abrechnung mit der DDR, aber bitte durch andere. Wir engagieren uns nicht ohne Abschätzung des Risikos. Wir haben

unser Leben zum eigenen Nutzen optimiert und wollen dabei bleiben. Wir haben uns dieser schmuddeligen Jugendweihe ohne Murren un-

terzogen, haben den Platz in einer Leitung eingenommen, Fähnchen geschwenkt und rote Lieder gesungen, kassiert und Wandzeitungen gestaltet, geschossen und gelogen. Wir begründeten die Notwendigkeit dieses absurden Bauwerks in Berlin und schrieben kluge Arbeiten über den Sieg des Sozialismus und den Untergang des Kapitalismus. Wir haben mit der Lüge nicht einmal in der eigenen Familie haltgemacht.

Aber wir besitzen Farbfernseher und waren in Ungarn und Bulgarien. Wir haben eine Datsche, einen Arbeitsplatz auf Rentnerbasis und ein hübsches Konto. Wir hocken hier unterm Kreuz, erneut auf dem Weg zu einem Optimum. Doch uns kommen Zweifel. Wird unser Opportunismus, unser Zögern bestraft? Können wir das sinkende Schiff nicht mehr rechtzeitig verlassen? Haben sich alle gegen uns verschworen? Wir, die Musterbeispiele der Anpassung, sind am Ende. Wir sind nun bereit, sogar über Jesus Christus nachzudenken. Sehr geehrter Herr Pfarrer! Wir brauchen diesen Montag, auch wenn diese Andacht und diese Kirche solche Gäste nicht verdient haben. Wir brauchen die wenigen Geistlichen, die ohne Rücksicht auf religiöse Theorie und kirchliche Gepflogenheiten zu uns stehen. Wir möchten bei Ihnen weiter Gastrecht genießen und sind Ihnen dafür unendlich dankbar.«

Erich Loest

Bei der Verfilmung meines Romans nahm Frank Beyer diesen Brief auf, der Schauspieler Ulrich Mühe alias Pfarrer Ohlbaum verliest Teile davon mit klingender Stimme vor der andächtigen Montagsgemeinde. In den vergangenen Jahren fragte ich Christian Führer gelegentlich, ob sich der Autor dieses Briefes unterdessen zu erkennen gegeben habe; es ist bis heute nicht geschehen.

Für mich stellt dieses Bekenntnis die Charta, das Hohelied eines Mitläufers dar. Vielleicht ist der Mann heute Makler von Häusern und Grundstücken oder hochspezialisierter Computerfachmann und paßt absolut in diese Zeit und schämt sich vor seinen in den USA studierenden und in Australien verheirateten Kindern der Einsichten von damals. Das wäre das I-Tüpfelchen.

JOACHIM WALTHER

Hegel kommt.

Freundschaft als Legende

Ratte, dachte ich, als ich hinter den Berichten dein Gesicht sah, miese, kleine Kanalratte, dachte ich und erschrak vor mir selbst. Hoppe du? Du, Horst, Freund, Vertrauter, der das *bestehende Vertrauensverhältnis* im Auftrag des Hauptmanns Zink *entwickelt* hatte, *um als »echter Freund« die operativ bearbeitete Person »Unkraut« aufzuklären.* Unkraut! Den Code-Namen verlieh mir Major König, vermutlich nicht der Krautstraße wegen, in der ich damals wohnte. Aufklären! Du, Vertreter der Aufklärung neuen Typs, hast mein Adressbuch kopiert, den Wohnungsgrundriß geliefert, eine Liste gefertigt mit der Renegatenliteratur in meinem Bücherregal: Bloch Gramsci Köstler Orwell Solshenizyn Sperber Trotzki, akkurat alphabetisch geordnet. Nicht schwer, dich hinter dem Decknamen zu entdecken. »Hegel«. Natürlich Hegel, deine Dissertation mit dem

Joachim Walther 1974. Der Schriftsteller wurde vom Staatssicherheitsdienst von 1969 bis 1989 überwacht und »operativ bearbeitet« als »Schmetterling«, »Lektor« und »Verleger«. In diesem Text verdichtet er eigenes Erleben und die Erfahrungen anderer zu den Figuren Godau und Hoppe.

Titel *Die moralphilosophischen Auffassungen Hegels und ihre revisionistischen und sozialdemokratischen Verfälschungen,* reichlich garniert mit Klassikerzitaten, auch dreien von Ulbricht, was nicht unbedingt notwendig gewesen wäre, eines hätte durchaus genügt, und gekrönt von dem Schlusssatz *Die Beschlüsse der Partei bieten die grundlegende Gewähr, dass die marxistische Ethik im engsten Zusammenhang mit den Erfordernissen der gesellschaftlichen Praxis des Sozialismus zu einer scharfen Waffe der Erkenntnis und Veränderung des moralischen Bewusstseins unserer Menschen wird.* Die Ethik als scharfe Waffe. Deine Moral als Fleischwerdung der sittlichen Idee Hegels, dieser, verstand sich, vom Kopf auf die Füße gestellt, wodurch freilich auch dessen Sittlichkeit zuunterst geriet. Na wenn schon. Damit warst du am Institut zum Nachwuchs-Ethiker und Hegel-Spezialisten aufgestiegen, zogst summa cum laude promoviert an mir vorbei und in mein Institutszimmer, was sich so las: *Operativ interessant ist dabei der Umstand, dass der IM »Hegel« in einem Zimmer sitzen wird mit dem G., sodass sich denkbar günstigste Voraussetzungen für dessen weitere Bearbeitung ergeben.* In zehn Minuten wirst du hier sein. Wie soll ich dich begrüßen: Schön, dich zu sehen? *Die Abwesenheit des G. ist zu nutzen, um Materialien an seinem Arbeitsplatz zu sammeln.* Dir die Hand geben nach dieser Lektüre? *Das Ziel der operativen Bearbeitung besteht darin, durch geeignete Maßnahmen das Verhältnis so zu gestalten, dass »Unkraut« den IM auch in seine intimen Probleme einweiht.* Fünf Jahre im selben Arbeitszimmer, fünfzehn vermeintlich befreundet. Grüß dich, mein Lieber, lange nicht gesehen? Vor zwölf Jahren das letztemal, zwei Tage vor meiner Entlassung aus der Staatsbürgerschaft. Du warst gekommen, hattest, mitfühlend, wie ich damals meinte, gefragt, wohin ich im Westen ginge, ob ich schon untergebracht sei von dortigen Freunden, wer mich protegiere und ob ich vorhabe, die Westpresse mit meiner Geschichte zu bedienen. Der inoffizielle Hegel rauchend auf einer der Bücherkisten, womöglich auf der mit der aufgelisteten Verräterliteratur, und ich dachte, wenigstens einer, der nicht die Augen niederschlug oder gekonnt die Kurve nahm im Institutsflur, einer der Anständigen, der Treuen, der wahren Freunde, einer, der die schädlichen Konsequenzen einer Berührung mit mir nicht scheute, Horst, alter Freund. In neun Minuten dein Gesicht in der Tür: der dunkle Nietzsche-Bart, den du lieber auf Friedrich Engels zurückgeführt haben wolltest, das schwarze, trotz anhaltender Windstille stets sturmzerzaust wirkende Kopfhaar, vielleicht auch die getönte Brille, um wie früher die Spuren der Wodka-Nächte unter den Augen zu verdecken, im offenen

Hemdkragen noch immer eines deiner seidenen Tüchlein, obwohl die vor zwanzig Jahren schon antiquiert wirkten? Zwölf Jahre: dein Gesicht eine Fläche. Worte zurechtlegen, um nicht zu stottern. Alle liefen auf eines hinaus: warum? Warum, Horst? Warum du, warum ich, warum dieses Verstellen, warum dein verfolgender Eifer? Dr. denunz. Horst Hoppe, dachte ich, als ich vor Wochen las: *Auf Hinweis des IM »Hegel« wurde der Vorlauf operativ »Unkraut« angelegt. Die inoffiziell erarbeiteten Fakten lassen den Schluss zu, dass GODAU ein ideologischer Feind der gesellschaftlichen Verhältnisse in der DDR ist. Zu ermittelnder Tatbestand: Verdacht staatsfeindlicher Hetze (§ 106) und landesverräterischer Nachrichtenübermittlung (§ 99).* Du also hast den ersten Hinweis gegeben, wie es scheint, ohne Not, und fortan Monat für Monat berichtet. Deinem Führungsoffizier Zink, mündlich auf Tonband, handschriftlich und auf der Maschine, Unterschrift: Hegel, das g mit extremer Unterlänge, selbstbewusst, übermütig, nachgerade fröhlich. *Zuverlässig und ehrlich,* wie immer wieder geschrieben steht, *der IM erfüllt alle ihm erteilten Aufträge in hoher Qualität.* Du hast von meinen und deinen Freunden berichtet, von Bekannten im Westen, den Diskussionen bei mir zu Hause und von unseren Gesprächen unter vier Augen: *G. äußerte, es gäbe doch einige Kollegen, die ein »ehrliches Herz« hätten. Man könne davon ausgehen, dass jeder dritte »Spitzel der Stasi« oder »Zuträger der Partei« sei.* Groteske Komödie, Masken, Mimen, Mimikry, das Publikum auf der Bühne, alles ist klar, keiner weiß Bescheid: zum Lachen, Jahre nach dem Mauerfall. Komisch auch deine Einschätzungen: *G.'s Grundposition ist nach wie vor unverändert konvergenztheoretisch und revisionistisch geprägt.* Dennoch kein Spaß. Nach Rücksprache mit Oberst P. schreibt mein Major König, der mich fünfzehn Jahre durchs Leben begleitete: *Es wurde entschieden, kadermäßige Veränderungen vorzunehmen.* Rausschmiss, aus der Partei, dem Institut. Das Jäten des Unkrauts. Du hattest künftig das Zimmer für dich allein. Ich erinnere mich, wie ich den Vorwurf des Revisionismus von mir gewiesen hatte, empört und verwundert, nicht geliebt zu werden für meinen Eifer, das ideologische Korsett ein wenig zu weiten. Der Traum vom Sozialismus mit menschlichem Antlitz: naiv, sträflich naiv. Utopisches Nahziel, hieß einer deiner Aphorismen: Jeder hat von jedem genug. Noch sieben Minuten. Vielleicht käme Hoppe nicht: die Unsicherheit ein heimliches Hoffen, denn was sollte das Treffen, da im Brief alles gesagt schien? Satz eins: Er, Hoppe, möge uns beiden nach dem entdeckten Verrat, dem missbrauchten Vertrauen nun bitte die Schmach ersparen zu leugnen, was aktenkundig sei. Satz zwei:

Wenn er ein Gespräch für sinnvoll hielte, solle er kommen. Du schriebst von Scham, von unentschuldbarem Fehlverhalten, und schlugst den heutigen Tag vor. Mein Zorn wich einer Regung zum Vergeben, einer fast dankbaren Erleichterung, dass Hoppe die Worte Scham und Schuld gefunden hatte. Doch wollte ich das Gefühl nicht zulassen, bevor er gekommen wäre. Noch sechs Minuten. Der Ethiker als Denunziant. Freundschaft als Legende. Operativ genutztes Vertrauen. Der Philosoph ein Ideologieproduzent, so die von dir bevorzugte Berufsbezeichnung. Die in Dienst gestellte Moral, wissenschaftlich begründet: *Es ist nicht nur objektiv möglich, sondern auch objektiv notwendig, die sozialistische Moral zur einheitlichen, für alle Glieder der Gesellschaft verbindlichen und verpflichtenden Moral zu erheben.* Einer deiner Kernsätze deiner Art Wissenschaft, mit der du bis zum Prorektor für Studienangelegenheiten aufgestiegen bist. Hoppes Phänomenologie des Geistes. Stets die Zwecke vor Augen, dabei das Wolfsgesetz des Kapitalismus geißelnd, du als der Treiber, der die Kleineren verscheuchte, die Größeren jedoch den Jägern vor die Hochstände trieb. Studenten, die Abweichendes äußerten und dabei blieben, hast du mit den probaten Hausmitteln entfernt. Konkurrenten hast du denunziert. Nicht nur mich. Hoppe, der Aufgeschlossene, kritisch, im kleinen Kreis, auch mal ein Witz, ein scharfer, oder Sprüche. Unter uns gesagt: Jeder macht, was er will, keiner, was er soll, und alle machen mit. Oder: Damit immer mehr immer weniger tun können, müssen immer weniger immer mehr tun. So warst du überall dabei, wo sich Leute regten, die meinten, es liefe etwas schief, du dazwischen, gut getarnt, da du als kritisch-loyaler Geist galtest, obwohl du meist nur in der Runde hocktest, ab und zu eine ironische Replik einwarfst, ansonsten deine Pfeife rauchtest, einen Wodka nach dem andern trankst und lauschtest. Wie oft hast du nach solchen Abenden bei mir geschlafen, da du nicht mehr fahren konntest in dein Haus am Rand der Stadt? Wie oft hab ich deine Frau angerufen, du seiest bei mir, obwohl du bei einer deiner Nebenfrauen warst? Warum hab ich nichts merken wollen? Deine Gelage mit Kollegen im Interhotel, du im Mittelpunkt, freigiebig, witzig, spöttisch, zur Mitternacht hin so beflügelt von Wodka, Bier und von dir selbst, dass du drei oder vier Gerichte zugleich bestelltest, von jedem etwas nahmst und dann die halbvollen Teller aufeinander presstest, bis die Essenreste aus dem Stapel quollen. So hättest du's gesehen in Moskau bei den Freunden, die Marxschen Springquellen des Überflusses, wie vorhergesagt, jedem nach seinen Bedürfnissen, real-existierendes Utopia. Your russian way of life. Zum Abschluss Sekt und Taxi. Geld: kein

Problem. Auch das Haus bekamst du wunderlicherweise bereits in der Doktorandenzeit, als wir anderen noch in unseren Studentenbuden hausten. Erster Grundsatz des dialektischen Materialismus, hast du bei einem deiner Interhotel-Symposien verkündet: Von nichts, mit nichts, durch nichts zu mehr Nichts. Oder: Wissen ist Macht, nichts wissen, macht auch nichts. Deine frühe Bestätigung als Reisekader, unversehens durftest du nach Westberlin, Hamburg, Frankfurt, du nach Main, ich nach Oder, später gar Paris, Moskau ohnehin mehrmals im Jahr. Reisen im Dienste der Wissenschaft, so offiziell. In Moskau warst du ausgeliehen ans KGB und angesetzt auf den bejahrten Philologen M., der in seiner rührenden Verehrung deutschen Denkens annahm, ein deutscher Philosoph, sein Freund Gorst Goppe aus dem Lande Goethes, Fichtes, Schellings könne niemals ein Verräter sein. Russisch: eins. In Paris: die russische Emigrantenzeitschrift, deine Lageskizzen, Adressen, Personendossiers, Gesprächsprotokolle. *Bewährung im Operationsgebiet.* Dein Aufstieg zum IMB, das B das honoris causa der Spitzel: Inoffizieller Mitarbeiter mit Feindberührung. Deine Kleidung verwestlichte sich zusehends, deine Sprache ward weltläufiger, du, ein konspirativer Kosmopolit. Sprüche damals: Ob Kommunist, ob Klassenfeind, im Intershop sind wir vereint. Ach, Hoppe, und dann diese Akribie deiner Berichte, über meine Promotionsfete beispielsweise, bei der du nicht nur eine Laudatio hieltest, die wirklich witzig war, die Namensliste aller Gäste, geordnet nach Ost und West, und die notierten Gesprächsinhalte, so detailliert, dass du einiges vor Ort gekritzelt haben musst, doch wo. Hegel auf dem Klo. Noch vier Minuten. Deine wissenschaftlich verbrämten Gutachten: *Bei G. wird immer deutlicher, dass er den Sozialismus nicht in erster Linie als eine gesellschaftliche Notwendigkeit sieht, sondern als etwas von individuellen Wünschen, Vorstellungen, Idealen und Bedürfnissen der Menschen Hervorgebrachtes. Alle notwendig zwingenden Erscheinungen wie Disziplin, Gesetze, Berücksichtigung objektiver Gesetzmäßigkeiten, die Existenz von Sicherheitsorganen und einer staatlichen Lenkungsgewalt u. a. m. betrachtet er als das »Ahumane«, die »Schattenseite« des Sozialismus, die immer wieder »Entartungen« hervorbringen würde, wie z. B. den »Stalinismus«.* Gut, das war die Wahrheit, meine, damals. Als wäre ich das Kind gewesen, das nicht nur irrt, sondern sich trotzig weigert, die Wahrheit, deine, die der Partei, mithin die objektive, anzunehmen. Ich der Feind. *Feindlich-negativ,* dank deiner Gutachten schließlich als *verfestigte Grundhaltung* konstatiert, worauf dann, als eine *Rückgewinnung* aussichtslos schien, deine Auftraggeber die Maßnahmepläne verschärften

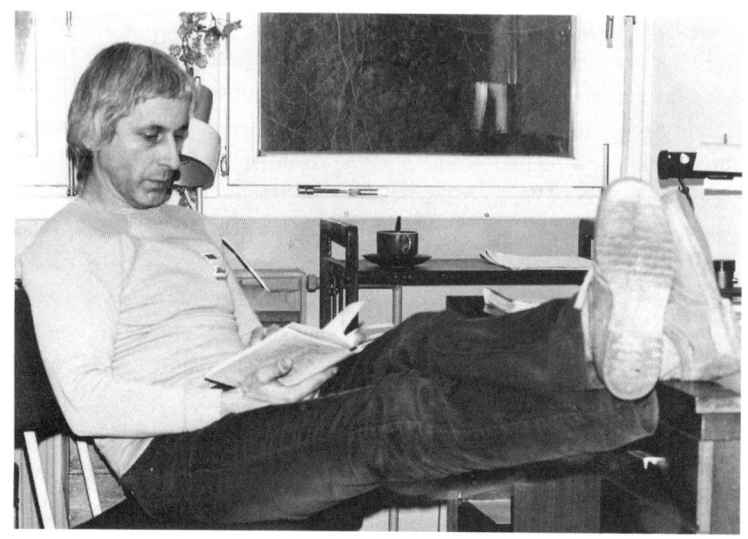

Berlin 1980

und *aktive Zersetzungsmaßnahmen* beschlossen:
1) Organisierung beruflicher Misserfolge, 2) Zurück-drängung des öffentlichkeitswirksamen Einflusses, 3) Unterbindung der Westkontakte, 4) Politische Bloßstellung durch IMB »Hegel« an der Universität und Isolierung von seinem Verbindungskreis. Termin: ständig. Du hieltest dich dabei im Hintergrund, ich aber hatte das Gefühl, derart in die Ecke gedrängt zu sein, dass mir nur blieb, das Land per Ausreise-antrag zu verlassen. Du hattest Macht über mich, konntest entscheiden, was und wie viel du von mir preisgibst, hast eingegriffen in mein Leben, hast gespielt mit mir. Verstecken. Schicksal. Katz und Maus. Du das re-volutionäre Rumpelstilzchen. Deine verdeckte und verdoppelte Existenz, gesteigert vom Geheimnis deines zweiten Ich. Magischer Materialismus. Ich das Unkraut, du das Herbizid. Besser, du kämest nicht. Drei Minu-ten. Habilitierte Petze der Partei. Aufs neue Zorn, Ekel, Verachtung und der Drang, dem falschen Freund, stände er vor der Tür, ins Gesicht zu schlagen.

Es klingelte.

Hoppe stand vor der Tür. Hoppe? Gelichtet, grau das Haar, die Haut. Klein, als wäre er geschrumpft. Gebeugt. Ohne Bart: nackt, wehrlos. Ein runzliges Kind. Er keuchte vom Treppensteigen. Das war nicht Horst, nicht Hoppe noch »Hegel«. Die Augen nicht wach, nicht spöttisch. Nach unten gerichtet, stumpf, leer, in braune Augenringe gebettet. Ein alter, kranker Mann. Hallo, sagte Godau, komm rein. Hoppe nahm Platz, Keuchen noch immer, flatternde Hände. Er bat um ein Glas Wasser, schüttelte drei Tabletten in die Hand, schluckte die, trank nach. Wie geht's dir? fragte Godau. Sieh mich an, sagte Hoppe. Es klang wie ein Vorwurf. Es ist mir nicht leicht gefallen, sagte er leise und murmelte etwas, das klang wie Canossa oder Kotau oder einfach nur Godau. Ich weiß, sagte Godau, wirklich, ich weiß es zu schätzen. Hoppe winkte ab, hustete, trank von dem Wasser, schwieg, die Augen gesenkt. Erzähl, sagte Godau, wie ist es dir die letzten zwölf Jahre ergangen? Hoppe winkte noch einmal ab, erzählte dann aber doch die Geschichte seines steten Abstiegs: Der Wodka habe ihn ruiniert, auch habe man ihm misstraut wegen der möglichen Dekonspiration im Suff, schließlich Herzinfarkt in Moskau, halbseitige Muskellähmung, Operation, Medikamente, die Ausmusterung aus gesundheitlichen Gründen, das Haus, ein Objekt der Firma, weg, der Aufstieg zum Prorektor eher ein Abschieben, Scheidung, Frau fort, Kinder fort, kleinere Wohnung, nicht mehr rauchen, nicht mehr trinken, Schmerzen, Tabletten, und dann die Wende, er einer der ersten, der flog, seitdem Altersübergang, das die Bilanz, die stolze. Godau wusste nichts zu sagen, sah nach unten. Und die Westreisen, sagte Hoppe, immer die Angst. Er erzählte, wie er bei seinem ersten West-Einsatz Verbindung zu einem Verlag in Westberlin aufnehmen sollte, wie er, beeindruckt vom vital faulenden Kapitalismus, zwar das Verlagsgebäude betrat, doch mit dem Paternoster lediglich eine Runde drehte und stattdessen in Buchhandlungen ging, schließlich ins Kaufhaus des Westens und dort von den operativen Devisen zehn Schokoladenhasen kaufte für seine Kinder, lila, von Milka. Im Bericht schrieb er, das Westgeld für Telefonate und Verkehrsmittel verbraucht zu haben, doch hatten die einen Zweiten auf ihn angesetzt, der alles notierte, die Paternosterfahrt, die Buchhandlungen, die Milka-Hasen mit Farbe, Größe und Preis. Da haben sie mir die Instrumente gezeigt, sagte er, und die hatten die Macht. Warst du nicht ein Teil von ihr? fragte Godau. Macht, ich? fragte Hoppe. Ich war doch nur ein kleiner Mitläufer, so klein mit Hut, sagte er und zeigte zwischen Daumen und Zeigefinger etwa zwei Zentimeter Luft. Du ein Mitläufer? fragte Godau. Dann hättest du dich mit denen nicht einlassen dürfen, warum, Horst, warum? Weil ich an den Sozialismus glaubte! stieß Hoppe hervor. Das hab ich damals dummerweise auch, sagte Godau und fragte, ob alles Lüge gewesen wäre, auch die einstige Freundschaft, und ab wann? Wahrheit, Lüge, was weißt denn du! schrie Hoppe, erschreckte vor seiner eigenen Lautstärke und verstummte. Was weißt denn du, wiederholte er leise und erzählte, wie er ihn manchmal bewusst gemieden habe, um nicht über ihn berichten zu müssen. Was soll's, winkte Hoppe ab, du wirst mir ohnehin kein Wort glauben, und das aus gutem Grund, ich das Schwein, du das Opfer, sieh mich an, sieh dich an, was wollen wir weiter reden. Hoppe schwieg, schien noch weiter zu schrumpfen. Godau befürchtete, Hoppe könne sich auflösen, lautlos verschwinden, dem grauen Staat nachsterben, dem er so eng verbunden war. Wer von uns ist das Opfer, dachte Godau. Ich? Das Wahre ist das Ganze, Hegel. Die Jahre der Unsicherheit, der geahnten Überwachung, des zeitweisen Verfolgungswahns, und doch das bessere Leben? Nichts war vergessen, nicht das Knacken im Telefon, die unterschlagenen Briefe und Bücher, die nächtlichen Anrufe mit dem Atmen in der Leitung, dem drohenden Schweigen, der gewalttätigen Stille. Nicht das Belauern, die unberechenbare Übermacht, die jederzeit zuschlagen konnte, wenn sie es wollte. Nicht das Leiden an der aufwendigen Feindseligkeit, der Verschwendung von Zeit, Geist und gutem Willen. Und doch Gewinn: die Lust des Widerspruchs, der Sprung ins Freie, zwölf Jahre Welt. Hoppe in Halle, Godau in Tübingen, Hoppe in Moskau, Godau in Boston und ganz ohne Angst. Ich musste gehen, du bist geblieben und nun draußen. Okay, sagte Hoppe, das wär's dann wohl gewesen. Schloss den oberen Hemdknopf und schien gehen zu wollen. Rede, dachte Godau, du kannst ihn so nicht gehen lassen, reden, miteinander reden. In Hegels Ästhetik der Zettel, Kapitel: Wiederherstellung der Ehre, Godau hatte gedacht, es Hoppe vorzulesen: *... inwieweit ich mich als beleidigt empfinden und eine Genugtuung fordern will, das hängt auch hier wieder ganz von der subjektiven Willkür ab, die bis zur skrupulösesten Reflexion und gereiztesten Empfindlichkeit fortzugehen das Recht hat.* Er ließ es sein.

Kann ich etwas für dich tun? fragte er.

Du? sagte Hoppe. Es wär ein Witz.

Im Ernst, brauchst du etwas? fragte Godau.

Nein, nichts, sagte Hoppe und stand auf.

Godau suchte Worte, doch fand er keines, das passte. Also dann, sagte Hoppe in der Tür, hob zaghaft eine Hand, als wolle er sie Godau geben, ließ sie jedoch sinken, als wäre sie zu schwer, und stieg müde die Treppe hinunter. Horst, wollte Godau rufen. Der Hall der Schritte wurde schwächer. Godau lauschte Hoppes Abstieg, bis er nichts mehr von ihm hörte.

ROMAN GRAFE

Wohlfühldichtung für Mitläufer.

Das Lügenmärchen vom guten Stasi-Mann

»Die Mitläufer bleiben immer die Sieger«, schrieb 1996 der französische Regisseur und Dokumentarfilmer Marcel Ophüls.* Zehn Jahre darauf vergab man den Deutschen Filmpreis für den Spielfilm »Das Leben der anderen«, für das Lügenmärchen vom guten Stasi-Mann – hochgelobte Wohlfühldichtung für Mitläufer.

Der Streifen, mit Steuergeldern gefördert, koproduziert von Arte und dem Bayerischen Rundfunk, hatte schon vorab den Bayerischen Filmpreis bekommen. Zur Kinopremiere im März 2006 sind in deutschen Einkaufsstraßen ganze Litfass-Säulen plakatiert worden, auf den Postern starrt Filmstar Ulrich Mühe als Stasi-Mann Wiesler bedrohlich ins Leere. Der Film erzähle »kompromißlos und mit großer Wahrhaftigkeit von unserer jüngsten Vergangenheit«, »so authentisch wie bisher noch nie im Kino«, verspricht die Werbung.

Was die Stasi anrichtete: Angst, Mißtrauen, Haß. Zerstörte Lebensläufe. Eine viertel Million politische Gefangene. Folter. Entführungen. Auftragsmorde.

Und das erzählt »der erste große Kinofilm, der sich mit dem Thema Stasi auseinandersetzt« *(Berliner Morgenpost):* Hauptmann Wiesler soll im Jahr 1984 den so angepaßten wie privilegierten DDR-Schriftsteller Georg Dreyman überwachen und Belastungsmaterial sammeln. Der Auftrag dazu stammt von Minister Hempf, der es auf des Autors Lebensgefährtin, die schöne Schauspielerin Christa-Maria Sieland, abgesehen hat. Doch Stasi-Mann Wiesler will sich nicht für die privaten Zwecke des Ministers mißbrauchen lassen und befreit – gerührt von der »Sonate vom guten Menschen« – den Schriftsteller heimlich aus den Fängen des Ministeriums für Staatssicherheit.

Verdrehte Welt: Der linientreue Künstler Dreyman ist geschützt durch seine Bekanntheit in Ost und West – die allermeisten Stasi-Opfer waren es nicht. In der Regel wurden sie aus ideologischen Gründen von der Parteipolizei fertiggemacht – im Film sind die Begierden eines alternden Bonzen die Ursache der Verfolgung, quasi »ein Ausrutscher«.

* *Die Tageszeitung,* 16. Januar 1996

»Solche Filme wollen alle sehen!« stand 2006 im Ost-Berliner »Kurier« nach der Premiere von »Das Leben der anderen«. Drehbuchautor und Regisseur Florian Henckel von Donnersmarck vor dem Filmplakat mit Ulrich Mühe als Stasi-Hauptmann Wiesler.

Einen guten MfS-Offizier als Helfer und Retter mag es unter den Hunderttausenden von Diktaturschergen gegeben haben – weitverbreitet war er nicht. »Ein lieber Stasi-Mann, ein herzlicher? Mir ist keiner begegnet, niemandem ist einer begegnet«, sagt der Schriftsteller Erich Loest (sieben Jahre Stasi-Haft) und nennt den Film ein »schädliches Märchen«. (*Deutschland-Archiv* Nr. 3/07)

Das Wesen der Stasi war bösartig. Wer will sich so etwas im Kino ansehen? Wer will mit trostlosen Opfergeschichten konfrontiert werden? Drebuchautor und Regisseur Florian Henckel von Donnersmarck zielt clever aufs Massenpublikum, also verschont er es mit schmerzhafter Wirklichkeit. Statt dessen hat der 32jährige Absolvent der Münchner Filmhochschule eine bequem konsumierbare Story erfunden.

Dazu bedient er sich mehrfach einer unerhörten Täter-Opfer-Verkehrung: Die Schauspielerin Sieland betrügt ihren Liebsten mit Minister Hempf, um ihre Karriere zu befördern, und letztlich verrät sie Georg Dreyman an Stasi-Mann Wiesler. Der Verrat treibt sie in Panik vor einen Lastwagen, als schuldiges Opfer. Hauptmann Wiesler wird zuletzt infolge seiner konspirativen Rettungsaktion Opfer seines eigenen Apparats, er wird verbannt zur eintönigen Postkontrolle. Georg Dreyman erfährt nach dem Mauerfall aus den Akten, daß ihn Wiesler verschont hat – und bedankt sich dafür versöhnlich bei dem Mann, der seine Liebste in den Tod getrieben hat. Das Opfer Dreyman als Egoist.

Dieses infame Verwischen von Verantwortlichkeiten ist kein Zufall, es ist gewollt: Die Grenzen zwischen Opfern und Tätern sind fließend, belehrt von Donnersmarck all jene, die denken, es sei ein Unterschied, ob jemand im MfS-Zuchthaus Bautzen eingesperrt war oder die Zellentüren verriegelt hatte.

Bis in die Details geht von Donnersmarcks Verklärung des Staatssicherheitsdienstes: Während es sich das Heer von MfS-Offizieren als Nutznießer etlicher Privilegien gutgehen ließ (Luxuseinkommen, Sonderverkaufsstellen, exklusive Ferienheime etc.), erscheint das Leben des einsamen Gerd Wiesler als geradezu mitleiderregend grau und leer. Nach dem Ende der DDR hält sich Herr Wiesler mit dem Verteilen von Werbeprospekten mühsam über Wasser. In Wahrheit marschierten die meisten Stasi-Männer im vereinten Deutschland ungehindert durch, als erfolgreiche Unternehmer und Anwälte beispielsweise oder als Polizisten.

Florian Henckel von Donnersmarck möchte sich von solchen Details nicht aufhalten lassen und verweist darauf, daß im Spielfilm nicht alles wirklichkeitsgetreu abgebildet werden muß. Als wüßte er nichts von der bewußtseinsprägenden Macht fiktionaler historischer Filmgeschichten. – »Eine fiktive Geschichte in einem wahren Kontext kann oft wahrer sein als eine dokumentarisch rekonstruierte Geschichte« (*Planet-Interview*, 28. März 2006). Als hätte er in seinem Film nicht selber andauernd Authentizität behauptet (eingeblendete Jahreszahlen und Ortsangaben, Originaltitel von Zeitungen u. ä.). Als hätte er nicht immer wieder in Interviews auf »echte« gute Stasi-Männer hingewiesen:

»Menschen wie Wiesler, die dem System die Gefolgschaft aufkündigten, waren nötig, damit es 1989 zu einer friedlichen Revolution kommen konnte. Die Stimmen, die sich laut gegen das System gewendet haben, waren die Stimmen relativ weniger. Die anderen, die Stummen haben es ermöglicht, daß diese wenigen Stimmen das bewirken konnten, was sie wollten. In diesem Sinn waren Leute wie Wiesler entscheidende Mithelfer der friedlichen Revolution« (*Gerbergasse* Nr. 1/2006). Revolution durch Schweigen – wer möchte da nicht mitgeholfen haben?

Der Autor erklärt, er habe keinen politischen Film machen wollen, sondern spannende Unterhaltung über Menschen. So spricht ein begabter Techniker, der sich am Thema vergriffen hat. »Ein intensiver Thriller und eine ergreifende Liebesgeschichte« soll dieser Film über die Stasi sein. Jede sich anbahnende Schwere fängt der Regisseur auf, nichts darf wehtun, jedenfalls nicht länger, ein Dutzend Gags lassen das Publikum schallend lachen, darunter Zoten – wer hätte das bei einem Film über die Gestapo und Sophie Scholl gewagt? »Ich kenne keinen Film, der die Härte der Stasi so deutlich zeigt«, lobt von Donnersmarck sein Werk. (*Gerbergasse* Nr. 1/2006)

Wäre ein Film wie Steven Spielbergs »Schindlers Liste«, die im Kern reale Geschichte vom helfenden Nazi, der etliche Juden vor der Ermordung gerettet hatte, im Nachkriegs-Deutschland als erster Film über die Shoah in die Kinos gekommen, es wäre ein Skandal gewesen. Immerhin ein halbes Jahrhundert verging, bis dieser Ausnahmefall verfilmt wurde – nachdem in Deutschland vielfach die grauenhafte Normalität der Vernichtung zu sehen war in Spielfilmen wie »Holocaust« oder »Auf Wiedersehen Kinder«.

Kein einziger Kino-Spielfilm ist im vereinten Deutschland gedreht worden über ein wirkliches Stasi-Opfer. Nicht über die DDR-Bürgerin, die 1979 gegenüber einem West-Korrespondenten die Einführung von »Forumschecks« in den »Intershops« kritisierte, von einem Arbeitskollegen im Fernsehen erkannt wurde, denunziert und eingesperrt. Nicht über den jungen Matthias Domaschk, der 1981 in Stasi-Haft ums Leben kam. Kein Film über die West-Berliner, die als »Feinde der DDR« in den fünfziger Jahren in den Ostteil der Stadt entführt und ermordet wurden.

Mehr als zwei Millionen deutsche Kino-Zuschauer sehen »Das Leben der anderen« bis Anfang 2009, in Dutzende von Ländern wird der Film verkauft. Er wird »Bester Europäischer Film des Jahres 2006« und erhält im Jahr darauf einen Oscar als »Bester fremdsprachiger Film« – Bundeskanzlerin Merkel gratuliert. Am Tag der Deutschen Einheit 2008 läuft er zur Hauptsendezeit im Ersten Programm.

In vielen Rezensionen wird neben der handwerklichen Raffinesse und den brillanten Schauspielern (u.a. Sebastian Koch, Martina Gedeck, Ulrich Tukur) die Echtheit des Streifens hervorgehoben.
ARD: »Selten hat sich ein Film so ernsthaft mit der DDR beschäftigt«.
ZDF: »... erschütternd und genau ... exakt bis in die Wortwahl ... überfällig ... endlich wirklich ein Film über die DDR.«

Bild-Zeitung: »… schonungslos authentisch … beklemmend echt.«

SUPER Illu: »… fernab aller Klischees genau recherchiert … So war es. Genau so.«

Die Zeit: »… setzt Maßstäbe … in allen Punkten penibel recherchiert.«

Leipziger Volkszeitung: »Endlich ein politischer Film, der weder moralisch noch pädagogisch belehrt«.

Hörzu: »Großartiges Drama.«

Welt am Sonntag: »Der beeindruckendste deutsche Film seit langem.«

FAZ: »Nach diesem Film wird jedes weitere Stasi-Drama wie ein Nachzügler aussehen, ganz gleich, wie gut es erzählt ist.«

Die kritischen Stimmen sind in der Minderheit.

»Man wird überhaupt nach dem Sinn und Verstand – und den Erfolgsursachen – eines aktuellen deutschen Kinos fragen müssen, das sich so absichtsvoll wenig für tatsächlich Leidtragende interessiert. Wo Opfer nicht mehr zählen, wird es unheimlich. Solche Filme, so brillant sie gemacht sein mögen, züchten die prophylaktische Exkulpierung wahrer Täter. Nur: zu welchem gesellschaftlichen Ziel?«, fragt Jan Schulz-Olaja in seiner Kritik (*Der Tagesspiegel*, 22. März 2006).

Eine plausible Antwort gibt Daniel Kothenschulte in der *Frankfurter Rundschau*: Der Film erinnere »an andere Versuche kollektiver Vergangenheitsbewältigung im Rahmen von zwei Kinostunden. Wie das Nachkriegskino die vorausgegangene Diktatur gern mit wenigen Oberbösen in hohen Positionen repräsentierte, aber um so mehr die Herzensgüte beim Mann auf der Straße, setzt ›Das Leben der anderen‹ auf voreilige Versöhnlichkeit mit der eigenen Geschichte« (23. März 2006).

Der *FAZ*-Filmkritiker Peter Körte: »›Das Leben der anderen‹ riskiert nichts … So sieht der Konsensfilm aus, den sich die Branche bestellen müßte, wenn er nicht schon da wäre … Er tut niemandem weh, er organisiert Einverständnis« (19. März 2006).

»Unser Film ist noch gar nicht konsensfähig genug!« entgegnet von Donnersmarck. »Der Konsens, den ich anstrebe, ist ein Film, der allen gefällt« (*Der Spiegel* Nr. 7/2007). Allen? Den Tätern? Wahrscheinlich nicht. Den Opfern? Wohl kaum. Den anderen? Schon eher. Wohlfühldichtung.

»Besonders wertvoll«, urteilt die Filmbewertungsstelle Wiesbaden. Der Streifen wird bevorzugt in der politischen Bildungsarbeit eingesetzt, auch an Schulen. Er mache die Schüler betroffen, schwärmen Lehrer. Wahrscheinlich würden sich Jugendliche auch von einem Film anrühren lassen, der keine Geschichtsfälschung ist.

Hauptdarsteller Ulrich Mühe, gewiß ein ausdrucksstarker Schauspieler, meint, »daß der Film auch Stasi-Opfern die Gelegenheit gibt, sich noch einmal mit dem System zu konfrontieren, um danach ein für allemal mit ihm abzuschließen. Das ist ein Film, mit dem man endgültig von der DDR Abschied nehmen kann« (*Der Spiegel* Nr. 12/06). »Am Ende des Films war meine Vergangenheit bewältigt. Endlich frei und meine DDR nur Fiktion«, schreibt Simone Stognienko sarkastisch in einem Leserbrief an die *Süddeutsche Zeitung*. Sie wurde als Nichte des Regimekritikers Jürgen Fuchs vom Staatssicherheitsdienst bearbeitet. »Die Zersetzung meiner Seele enttarnte ich als Phantomschmerz. Dank dem Schauspieler Mühe, der mir zeigte, daß auch ein Stasi-Mann fühlen kann und dadurch zum Opfer wird« (*SZ*, 31. Mai 2006).

2007 sehen Millionen Zuschauer den ZDF-Spielfilm »An die Grenze«, das Lügenmärchen vom guten Grenzsoldaten – oder mit den Worten der Redaktion: »ein radikal ehrlicher Film … der erste Fernsehfilm, der aus der Perspektive eines dieser Soldaten erzählt.«

Drehbuchautor Stefan Kolditz, 1976/77 ebenfalls als Soldat an der DDR-Westgrenze, erläutert zum Ansatz seines Films, daß Grenzsoldaten »nicht diese gehirnlosen, schießwütigen Monster waren, als die sie von westlicher Seite dargestellt werden«. Im Originalton von SED-Agitatoren behauptet er, die Mauer sei »Ergebnis des Kalten Krieges« und die Bundesregierung »erleichtert« über den Mauerbau gewesen. Er erzähle die Geschichte eines jungen Mannes, der »aus politischem Idealismus« an die Grenze gehe und »dort« über das DDR-System desillusioniert werde:

Am Anfang des Films erklärt sich Alexander Karow bei seiner Musterung 1974 bereit, zur Grenze zu gehen – mit der Begründung, er wolle keine Privilegien. Dabei war das Gegenteil die Regel: zahlreiche Vorteile wie mehr Wehrsold, mehr Ausgang und oftmals bevorzugte Studienplatzvergabe. (Stefan Kolditz durfte in der DDR Theaterwissenschaften studieren.) An der Grenze angekommen, erleidet Alexander die Schikanen von »Kameraden«, findet im Gefreiten Gappa einen treuen Freund und verliebt sich in die Bäuerin Christine. Jacob Matschenz und Bernadette Heerwagen spielen das Glück am Grenzzaun märchenhaft schön, die Dialoge sind bestechend stimmig, die Regie ist meisterhaft – doch kann all das nicht hinwegtäuschen über das Fortführen von DDR-Propaganda mit anderen Mitteln:

Keine der tausendfachen Festnahmen von Flüchtlingen wird gezeigt, statt dessen die Fahnenflucht eines Soldaten, der sich skrupellos den

Weg freischießt und drei Kameraden ermordet, auch den sympathischen Gappa, dessen totes Gesicht in einer Nahaufnahme zu sehen ist. »Kaltblütig und hinterrücks« erschossen, so wie es die Politoffiziere den Grenzsoldaten immer angedroht hatten für den Fall, daß sie nicht schießen. Und tatsächlich kann der Flüchtling in diesem Film nur deshalb zum Mörder werden, weil ein Postenpaar zuvor gezögert hat, die Schußwaffe gegen ihn einzusetzen. Am Ende hilft Soldat Alexander seiner Christine und ihrem Bruder bei der Flucht: Er sagt ihnen, wann und wo es am günstigsten ist, und schießt dann im entscheidenden Moment nicht. Vergangenheitsbewältigung im Kino.

»Eine scharfe und überzeugende Verurteilung des Grenzsystems ... authentisch und genau«, wirbt ZDF-Redakteur Günther van Endert. Kein »zum Feindbild geronnenes Klischee der grauen Diktatur des Proletariats und vermeintlich spießiger Ostdeutscher, das bis heute auch das filmische Bild der deutschen Teilung weitgehend prägt«, so Produzent Christian Granderath. Zum Thema DDR-Grenze, behauptet er, »existieren bislang fast ausschließlich Geschichten aus der Perspektive der Opfer mit entsprechend eindeutiger Gut-Böse-Verteilung«.

Dabei wurde im vereinten Deutschland bis heute kein Spielfilm gedreht, in dessen Mittelpunkt die Geschichte einer tödlich gescheiterten Flucht aus der DDR steht. Nicht über Max Grübner, erschossen 1955, nicht über Hans-Ullrich Kilian, erschossen 1963, nicht über Bernhard Sperlich, erschossen 1971, nicht über Marinetta Jirkowsky, 1980 erschossen, und auch nicht über den letzten, noch 1989 an der Mauer Erschossenen, Chris Gueffroy.

In der Jury-Begründung des Adolf-Grimme-Preises 2008 für Drehbuchautor Stefan Kolditz heißt es, »An die Grenze« gebe der DDR »ein Stück ihrer Realität zurück«. Das Drehbuch vermeide »gängige Klischeebilder und Vorurteile«. Gelobt wird die »große Wahrhaftigkeit« dieses »wegweisenden« Films. »Ein kleines Fernsehwunder« sei »An die Grenze«, schreibt die Rezensentin des Berliner *Tagesspiegel*, Kerstin Decker. (Sie hatte im berüchtigten »Roten Kloster« in Leipzig das studiert, was die SED für Journalismus hielt.)

Ein »ehrlicher Film« sei das, steht in der *FAZ*, ein Film über Grenzsoldaten, die »ahnungslos« einem Alltag ausgesetzt worden seien, »über dessen Abgründe sie niemand zuvor aufgeklärt hat«. Die *ZEIT*-Rezensentin schreibt, für die Soldaten habe es nur eine Alternative gegeben: »... töten oder leben lassen? Gehorchen oder Zuchthaus riskieren für ein paar zufällige Republikflüchtlinge?« Nichts davon ist wahr.

Kampfgruppen in Ost-Berlin, 1986

So sickern die fiktionalen Schwindeleien in die reale Wahrnehmung. Da fällt dann kaum noch auf, wenn der frühere Grenzsoldat Holger Jancke als Autor eines langen Dokumentarfilms die Legende von der Unabwendbarkeit eines pflichtgemäßen Grenzdienstes verbreiten darf (»auf Wehrdienstverweigerung steht in der DDR Gefängnis«). Sein Film »Grenze«, seit der Entstehung 2003 mehrfach in der ARD ausgestrahlt, verschweigt mehr, als er sagt.

Sibylle Schönemanns Film »Risse im Land«, der einzige Dokumentarfilm über einen erschossenen Mauerflüchtling (Michael Schmidt), wurde – obwohl für den NDR produziert – seit 1992 nie in Deutschland gezeigt, allein dem italienischen Fernsehen war die Geschichte wichtig genug. »Wenn der letzte Jungpionier seine Rente sicher hat, dann wird man sich einig sein, daß es ein Verbrechen war, meinen Jungen zu erschießen«, sagt Horst Schmidt.

»Ein nationaler Mythos läßt sich nur schwer erschüttern, wenn dabei die kollektive Selbstachtung auf dem Spiel steht oder kollektive Schamgefühle heraufbeschworen werden könnten«, schreibt Saul Friedländer. »Mythos und Verdrängung waren nach dem Zweiten Weltkrieg in allen westlichen Ländern die probatesten Beruhigungsmittel.«*

* Saul Friedländer/Jan Philipp Reemtsma: *Gebt der Erinnerung Namen,* München 1999

Epilog: Mythos und Verdrängung – die guten Bö- »Volkssolidarität«, Leipzig
sen. Wenn es selbst unter den Tätern gute Men- 1987
schen gab, sieht man sich für eigenes Mitmachen
oder Gewährenlassen angenehm entlastet. Was den Nachkriegs-Deut-
schen der Mythos Albert Speer war, ist den Deutschen nach 1990 der
Mythos Günter Schabowski. Der arbeitet seit Jahren mit Unterstützung
der Medien fieberhaft daran, als gutwilliger Maueröffner in die Geschichte einzugehen, statt als verurteilter Mauermörder. Der Höhepunkt
dieser Kampagne eines achtzigjährigen SED-Propagandisten dürfte
2009 zum 20. Jahrestag des Mauerfalls erreicht sein (u. a. »Wie ich die
Mauer öffnete«, in: *Die Zeit*, 19. März 2009).

Die Grausamkeit der DDR-Diktatur und ihrer Westgrenze wird
beim Freudenfest im November 2009 weiter verdrängt nach dem unausgesprochenen Motto: Ende gut, alles gut. Keine Opfer, keine Täter. Der
große faule Frieden.

Auf die Frage »Könnten Sie heute wieder in Thüringen leben?« sagt
mir die aus Sonneberg zwangsausgesiedelte Elisabeth Freyer im April
2009: »Nein, nie mehr. Die Leute dort reden heute von einer DDR, die
hat es nie gegeben – nie, zu keiner Zeit.«

Was war die DDR? Unter anderem eine Spießerdiktatur, in der die
Opportunisten belohnt wurden für ihre Bereitschaft, sich schnell und
rücksichtslos, um persönlicher Vorteile willen den Verhältnissen anzupassen. Wer als Trittbrettfahrer bereit war, zum Fußvolk der Machthaber

zu gehören, stand »auf der richtigen Seite«, bei den selbsternannten »Siegern der Geschichte«.

Die Mehrheit der DDR-Bürger paßte sich zumindest mehr an, als sie tatsächlich mußte. Sie wollten »einfach ganz normal leben« in der SED-Diktatur. Sie ließen alltägliche Möglichkeiten des gefahrlosen Widersprechens und Widerstehens ungenutzt. So haben sie es sich und den Herrschenden bequem gemacht. Der Satz »Es war nicht alles schlecht in der DDR« bedeutet auch: Wir haben es uns gutgehen lassen, als es anderen schlecht ging – den Unangepaßten, den politischen Häftlingen, den gescheiterten Flüchtlingen und ihren Angehörigen.

Elisabeth Freyer weint noch 48 Jahre danach – tränenlos, nach innen –, als sie mir von der Überwältigung ihres großen Bruders bei der Aussiedlungsaktion erzählt. Und vom Nicht-wissen-Wollen der Zuschauer, als Teil der Anpassung. Es war nützlich damals zu verdrängen, und heute ist es zweckmäßig. Da möchte man nicht belästigt werden mit den finsteren alten Geschichten. So kann man ungestört »unsere friedliche Revolution« feiern. Dabei hat nicht mal jeder zehnte DDR-Bürger 1989 gegen das Regime demonstriert.

Verdrängt die peinlichen Mai-Demonstrationen, das ergebene »Zettelfalten« bei den Wahlen, zuletzt im Frühjahr 1989 – Kniefälle vor den Machthabern, die einen eingesperrt, bevormundet und unterdrückt hatten. Solcherart »machtvolle Bekenntnisse« waren keine harmlose Symbolik. Mit diesen massenhaften Unterwerfungsritualen wurden auch die wenigen Unangepaßten bedrängt oder eingeschüchtert. Anders gesagt: Das Mitmarschieren erhöhte den Konformitätsdruck auf die Abweichler.

Und heute? Was ist, selbst nach zwei deutschen Diktaturen, geblieben von den Verhaltensmustern des Anpassens und Verdrängens?

Der Schweizer Schriftsteller Niklaus Meienberg schrieb in seinem Buch *Es ist kalt in Brandenburg* 1980: »Auch ist es nutzlos, … längst vergangene Zustände des langen und breiten zu schildern, … wenn man dabei vergißt, daß Spurenelemente von damals noch vorhanden sind und Anpassung, Feigheit, Unterwürfigkeit, Mangel an rebellischem Geist, Staats-Hörigkeit, Untertanengeist, Behördengläubigkeit, Bravheit, Bequemlichkeit, Borniertheit, Karrierismus, Verklemmtheit und Strebertum, welche das Terrorregime nicht geschaffen, aber ermöglicht haben, immer noch leben.«

Niemand muß im vereinten Deutschland die Staatsmacht fürchten, wenn er seine Stimme erhebt gegen Mißstände im Land. Und doch ist es – im Osten wie im Westen – wieder nur eine Minderheit, die sich auflehnt, die Mehrheit paßt sich brav an. Nicht aus Angst, sondern aus Gleichgültigkeit. Selbst dann, wenn die Verhältnisse lebensbedrohlich sind: Wer kämpft für Tempo Hundert auf deutschen Autobahnen, um damit das Leben etlicher unschuldiger Menschen zu retten? Wer bremst den Tempowahn der Bahn nach den ICE-Unfällen von Eschede, Fulda und Köln? Wer protestiert gegen tödliche Sportwaffen nach den Amok-läufen von Erfurt und Winnenden? Eine kleine Minderheit. Ganz zu schweigen von der Ignoranz gegenüber den Gefahren der Atomenergie, der Ausbeutung ärmerer Länder, der Zerstörung der Natur …

Joachim Gauck, der erste Bundesbeauftragte für die Stasi-Unter-lagen, formulierte in seinem Vortrag 1996 in der Staatsbibliothek Berlin: »Nicht nur die Diktaturen der Vergangenheit und Gegenwart, sondern der zu sichere Wohlstand, der zu sichere Besitz von Freiheit und Men-schenrechten entmächtigt Bürger. Wie in den Diktaturen eine offensicht-liche Verwandlung von Citoyens zu Untertanen vonstatten geht, so ent-mächtigt die Unterhaltungs- und Konsumkultur insgeheim und oft automatisch Bürgersinn und Verantwortungsbereitschaft. Eine Unkultur der Beliebigkeit macht sich breit. Die einen sprechen noch von Toleranz und Liberalität. Andere wissen längst, daß man so grassierenden Werte-verfall verschleiern kann.«

Joachim Gauck sprach von der Sorge, »daß unsere Demokratie möglicherweise durch dieselbe Haltung zugrunde gehen könnte, die die Diktatur so lange am Leben erhalten hat, nämlich unser unkritisches, unengagiertes Danebenstehen. Manchmal befällt mich die Horrorvision, daß immer mehr unserer spaßwütigen Mitmenschen sich selber Ketten anlegen, obwohl kein Diktator in Sicht ist, der sie ihnen anlegen will. Der späte Citoyen legt sich bei dieser Vorstellung schon ein paar Sägen und Brecheisen bereit – er glaubt immer noch nicht, daß Ketten zur Grund-ausstattung des Menschen gehören. Er traut dem süßen Sklavenfrieden nicht, von dem die träumen, die sich selbst entmächtigen.«

ANHANG

Zu den Autoren und Fotografen

HANS-GEORG ANDERS

Jahrgang 1940, lebt als Rentner in Leipzig.

WOLF BIERMANN

geboren 1936 in Hamburg, Liedermacher, Dichter, Übersetzer, Essayist. 1953 Übersiedlung in die DDR, von 1965 an Auftrittsverbot, 1976 Ausbürgerung. Lebt seitdem wieder in seiner Vaterstadt. 1991 erschien sein Buch *Alle Lieder*, 1995 *Alle Gedichte*.

MANFRED BUTZMANN

1942 in Potsdam geboren, Studium an der Kunsthochschule Berlin-Weißensee, freier Grafiker und Maler. 2007 erschien *Manfred Butzmann. Eine Werkschau in sieben Kapiteln.*

DORA CLAUSSNER

Jahrgang 1934, wohnte bis 1972 in Probstzella. Dann wollte sie weg aus dem Sperrgebiet an der Grenze und zog nach Gera, wo sie bis heute lebt.

KARL CORINO

geboren 1942, Germanist, Robert-Musil-Biograph, war von 1985 bis 2002 Leiter der Literaturabteilung des Hessischen Rundfunks. 1995 erschien sein Buch *Die Akte Kant. IM »Martin«, die Stasi und die Literatur in Ost und West*, 1996 *Außen Marmor, innen Gips – Die Legenden des Stephan Hermlin*. Karl Corino lebt in Tübingen.

MAHMOUD DABDOUB

1958 im Libanon geboren, von 1982 an Studium an der Hochschule für Grafik und Buchkunst in Leipzig, wo er seit 1987 als freier Fotograf arbeitet. 2005 erschien sein Fotoband *Alltag in der DDR*.

ELISABETH FREYER

geboren 1941, ist gelernte Stenotypistin und Industriekaufmann. Seit ihrer Übersiedlung lebt sie mit ihrer Familie in Neustadt bei Coburg, keine Stunde von Sonneberg in Thüringen entfernt. Von 1975 bis 1987 war sie Mitarbeiterin des SPD-Landtagsabgeordneten Albert Koch. Danach arbeitete sie 14 Jahre in der Stadtverwaltung Neustadt. Heute ist Elisabeth Freyer Vorsitzende des Vereins »Opfer des Stalinismus« in Thüringen.

MAX FRISCH

(1911–1991), Schweizer Schriftsteller, reiste 1935 als Journalist ins Deutsche Reich und 1966 in die Sowjetunion. 1953 erschien *Herr Biedermann und die Brandstifter*, ein zeitloses Drama über Kleinbürger, Mitläufer, Opportunisten.

HARALD HAUSWALD

geboren 1954 in Radebeul (Sachsen), ist gelernter Fotograf. 1987 veröffentlichte er gemeinsam mit Lutz Rathenow in einem Münchner Verlag den Bildband *Berlin-Ost. Die andere Seite einer Stadt.*

HANS-JOACHIM HELWIG-WILSON

1931 in Berlin geboren, berichtete von 1958 an als West-Berliner Bildjournalist vor allem aus Ost-Berlin und der DDR. Wenige Tage nach dem Mauerbau verhaftete ihn die Stasi und inhaftierte ihn bis 1965 wegen angeblicher Spionage. 2004 erschien *Der staatsfeindliche Blick. Fotos aus der DDR von Hans-Joachim Helwig-Wilson.*

KARL JASPERS

(1883–1969), Philosoph und Psychiater, hatte unter den Nationalsozialisten Publikationsverbot. 1946 Ehrensenator der Universität Heidelberg, wo er im selben Jahr »Die Schuldfrage« als erste Vorlesung vortrug. 1960 erschien seine Schrift *Freiheit und Wiedervereinigung*.

FREYA KLIER

geboren 1950 in Dresden, Theaterregisseurin, Autorin und Filmemacherin. 1988 gemeinsam mit ihrem Mann Stephan Krawczyk aus der DDR ausgebürgert. Im selben Jahr erschien ihr Buch *Abreiß-Kalender – ein deutsch-deutsches Tagebuch* (hier ein Auszug) und 1990 *Lüg Vaterland. Erziehung in der DDR*. Lebt in Berlin.

UWE KOLBE

geboren 1957 in Ost-Berlin, seit 1980 freier Schriftsteller, Publikationsverbot 1982, Ausreise 1987 nach Hamburg, lebt wieder in Berlin.
1981 erschien sein Band *Abschiede und andere Liebesgedichte* (darin
auch das hier zitierte Gedicht) sowie 1988 *Mikado oder Der Kaiser
ist nackt. Selbstverlegte Literatur in der DDR.*

STEPHAN KRAWCZYK

geboren 1955 in Weida, studierte in Weimar Gitarre und arbeitete
erfolgreich als Liedermacher. 1988 wurde er gemeinsam mit seiner
Frau Freya Klier aus der DDR ausgebürgert. Seither lebt er als
Buchautor, Dichter und Sänger in West-Berlin. Er ist Autor mehrerer autobiographischer Bücher, darunter *Der Narr* (2003) sowie
Der Himmel fiel aus allen Wolken. Eine deutsch-deutsche Zeitreise
(2009).

REINER KUNZE

1933 in Oelsnitz im Erzgebirge geboren, Schriftsteller, Übersetzer,
Herausgeber. Er veröffentlichte zahlreiche Lyrikbände. 1976 erschien
im Fischer-Verlag Frankfurt am Main sein Prosaband *Die wunder-
baren Jahre* (darin auch der Text »Mitschüler«). 1977 vertrieb die Stasi
ihn mit »Maßnahmen zur Verunsicherung« aus der DDR. Die Familie Kunze lebt seither in Bayern. 1990 veröffentlichte Reiner Kunze
die Dokumentation seiner Stasi-Akte mit dem Titel *Deckname
›Lyrik‹.*

KLAUS LEHNARTZ

(1936 – 2008) arbeitete seit 1957 als selbständiger Bildjournalist in
West-Berlin. 1976 veröffentlichte er den Band *Bilder aus der Mark
Brandenburg.*

ULRIKE LIEBERKNECHT

geboren 1956, wußte, daß sie ihr Christ-Sein »nur die Karriere kostet,
nicht aber Kopf und Kragen wie in anderen Zeiten«. An einer staatlichen Schule durfte sie nicht Abitur machen. Gern wäre sie Ärztin
oder Juristin geworden. Mit dem Abitur einer kirchlichen Schule
durfte sie allein Theologie studieren. Nach dem Studium zog sie mit
ihrem Ehemann 1983 nach Heygendorf im Kyffhäuserkreis. Familie
Lieberknecht lebt und arbeitet heute im Pfarrhaus von Neuhaus-

Schierschnitz (Thüringen). Seit einigen Jahren hält Ulrike Lieber-knecht »Plädoyers gegen Ostalgie«, Vorträge gegen die Verklärung der SED-Diktatur.

ERICH LOEST

geboren 1926 im sächsischen Mittweida, Journalist und Schriftstel-ler. Von 1957 an sieben Jahre im Zuchthaus wegen »konterrevolutio-närer Gruppenbildung«. 1981 wurde Erich Loest zur Ausreise aus der DDR gedrängt; seit 1990 lebt er wieder in Leipzig. Zahlreiche Bü-cher, darunter *Es geht seinen Gang oder die Mühen in unserer Ebene* (1978) und die Autobiographie *Durch die Erde ein Riß* (1981).

FRITZ J. RADDATZ

geboren 1931 in Berlin, studierte u. a. Germanistik an der Humboldt-Universität in Ost-Berlin. Er war stellvertretender Cheflektor beim Ost-Berliner Verlag Volk und Welt (1953 – 1958), stellvertreten-der Leiter des Rowohlt-Verlags (1960 – 1969) und Feuilletonchef der *ZEIT* (1977 – 1985). Bekannt wurde Raddatz auch als Roman-autor, Essayist und Übersetzer sowie als Mitherausgeber von *Kurt Tucholsky: Gesammelte Werke in 10 Bänden.* 1972 veröffentlichte Fritz J. Raddatz *Materialien zur Literatur der DDR* und 2003 seine Erinnerungen unter dem Titel *Unruhestifter*.

WALBURGA RAEDER

Jahrgang 1950, machte in Bautzen Abitur und studierte in Leipzig Pädagogik. Noch in der DDR verließ sie den »Bereich Volksbildung« und tritt seither als Kabarettistin auf sowie mit literarisch-musika-lischen Programmen (»Von Kopf bis Fuß Marlene«). Seit bald zwan-zig Jahren studiert sie mit Berliner Grundschülern eigene Abwand-lungen von Märchenstücken ein.

LUTZ RATHENOW

geboren 1952 in Jena, Schriftsteller. 1980 wurde er nach der Veröf-fentlichung seines Buches *Mit dem Schlimmsten wurde schon gerech-net* in einem West-Verlag kurzzeitig inhaftiert. Engagement in der DDR-Bürgerrechtsbewegung. Zahlreiche Veröffentlichungen, auch Kinderbücher sowie 1987 der Bildband *Berlin-Ost. Die andere Seite einer Stadt* gemeinsam mit dem Fotografen Harald Hauswald.

UWE REICHENBERG

geboren 1961 in Stuttgart, gelernter Buchhändler, siedelte 1986 zur Eheschließung nach Saalfeld (Thüringen) über. 1996 erschien sein Fotoband *DDR 1986–1989*.

DIETMAR RIEMANN

geboren 1950 im sächsischen Hainichen, studierte an der Hochschule für Buchkunst und Grafik in Leipzig. 1985 erschien in Rostock sein Fotoband *Was für eine Insel in was für einem Meer – Leben mit geistig Behinderten*. 2005 veröffentlichte er das Buch *Laufzettel – Tagebuch einer Ausreise*. Lebt in Mosbach bei Heidelberg.

ULRICH SCHACHT

geboren 1951 im Frauengefängnis Hoheneck in Stollberg (Sachsen), wo seine Mutter aus politischen Gründen inhaftiert war. Journalist und Schriftsteller. Von 1973 bis 1976 Inhaftierung wegen »staatsfeindlicher Hetze«, danach Ausreise aus der DDR. 1984 gab er die *Hohenecker Protokolle* heraus, 2001 erschien sein Buch *Verrat. Die Welt hat sich gedreht*. Lebt seit 1998 in Förslöv (Schweden).

RAINER SCHINZEL

geboren 1946, lebt und arbeitet als Bibliothekar in Hannover.

HORST SCHMIDT

geboren 1935, lebt als Rentner bei Berlin.

SIBYLLE SCHÖNEMANN

Jahrgang 1953, aufgewachsen in der Mark Brandenburg, studierte von 1974 an in Potsdam-Babelsberg Filmregie. Anschließend arbeitete sie als Dramaturgin im DEFA-Spielfilmstudio. 1984 stellte sie gemeinsam mit ihrem Mann, dem Filmemacher Hannes Schönemann, einen Ausreiseantrag. Im selben Jahr wurden sie wegen »Beeinträchtigung staatlicher oder gesellschaftlicher Tätigkeit« verurteilt und inhaftiert. Die dafür Verantwortlichen befragte Sibylle Schönemann kurz nach dem Mauerfall in ihrem Film »Verriegelte Zeit« (Bundesfilmpreis 1991). 1992 drehte sie einen Dokumentarfilm über den erschossenen Mauerflüchtling Michael Schmidt (»Risse im Land«).

HANNES SCHWENGER

geboren 1941 in Meiningen (Thüringen), bei Kriegsende Flucht nach Bayern, seit 1962 zu Hause in West-Berlin. Journalist, Schriftsteller und Verleger. 1983 erschien sein Buch *Im Jahr des großen Bruders. Orwells deutsche Wirklichkeit*, 1996 der Band *Mauerstückchen.*

JOACHIM STEIN

geboren 1935, ist noch immer mit Karl Corino befreundet.

GÜNTER ULLMANN

Schriftsteller, geboren 1946 im thüringischen Greiz, wo er bis zu seinem Tod im Mai 2009 gelebt hat. Nach seiner Kritik am Einmarsch sowjetischer Truppen in Prag 1968 wurde er bis zum Ende der DDR vom Staatssicherheitsdienst »operativ bearbeitet« – bis hin zur Einweisung in die Psychiatrie. Günter Ullmann konnte nach dem Mauerfall zahlreiche Gedichtsammlungen, Prosabände und Kinderbücher veröffentlichen, darunter 1998 *Die Sonne taucht im Wassertropfen* und 2008 *Die Wiedergeburt der Sterne nach dem Feuerwerk* (darin auch die beiden hier zitierten Gedichte).

MANFRED WAGNER

Jahrgang 1934, wurde 1961 aus seinem Heimatort Lehesten, an der thüringisch-bayerischen Grenze gelegen, zwangsweise ausgesiedelt nach Rudolstadt, wo er bis heute lebt. Der Vater von vier Kindern arbeitete in der DDR als Informatiker. Er ist Autor eines Buches über die Zwangsaussiedlungen an der DDR-Westgrenze (*Beseitigung des Ungeziefers*, Erfurt 2001) sowie Mitherausgeber der Dokumentation *Der Physikerball 1956* (Jena 1997) und der Zeitschrift *Gerbergasse 18.*

JOACHIM WALTHER

geboren 1943 in Chemnitz, Schriftsteller, Lektor und Herausgeber. Zahlreiche Bücher, darunter das Standardwerk *Sicherungsbereich Literatur. Schriftsteller und Staatssicherheit in der DDR* (1996). Seit 2001 baut Joachim Walther gemeinsam mit Ines Geipel das »Archiv unterdrückter Literatur in der DDR« auf, aus dem die Edition »Die verschwiegene Bibliothek« hervorgegangen ist.

Personenregister

Kursive Ziffern verweisen auf Bildlegenden.

Adenauer, Konrad 61
Amado, Jorge 41f.
Anders, Hans-Georg (52 – 57), 53, 55
Aragon, Louis 40
Arendt, Erich 46, 49f.
Arendt, Katja 50
Arrabal, Fernando 123
Bach, Johann Sebastian 102
Bauer, Erna 59f., 61, 62, 65, 67
Bauer, Hans 59, 61, 62, 65, 184
Bauer, Hermann 59, 60ff., 64, 65, 67f.
Bauer, Leo 42
Becher, Johannes R. 42, 48
Becher, Lily. 48
Benjamin, Hilde 116
Beuthan, Paul 27f.
Beyer, Frank 166
Bieler, Manfred 46
Bienek, Horst 42
Biermann, Wolf (13 – 24), 14, 22, 119, 120
Bihalji-Merin, Oto 45
Bittner, Michael 97
Bloch, Ernst 49, 167
Böll, Heinrich 119f.
Bonhoeffer, Dietrich 86
Böttcher, Jürgen 22
Böttger, Horst 19
Boveri, Margret 41, 45
Brandt, Willy 120
Brecht, Bertolt 16, 42, 123
Bucerius, Gerd 46

Bulgakow, Michail 41
Busch, Ernst 116
Butzmann, Manfred 38, 132, 151
Camus, Albert 89
Castro, Fidel 116
Cioran, Emile 14
Claußner, Dora (69 – 73), 70, 73
Corino, Elisabeth 110
Corino, Karl 107 – 111, 107, (112 – 114)
Czollek, Walter 49f.
Davis, Angela 158
Decker, Kerstin 181
Déry, Tibor 41, 47
Descartes, René 23
Döblin, Alfred 49
Domaschk, Matthias 178
Dubček, Alexander 17, 84f., 84, 87ff., 90
Dutschke, Rudi 116
Edelmann, Marek 18
Einstein, Albert 22
Eisler, Hanns 49
Eluard, Paul 41, 49
Endert, Günther van 181
Euler, Leonhard 23
Ewert, Clemens 19
Faulkner, William 41
Feraoun, Mouloud 41
Fest, Joachim 48
Fichte, Johann Gottlieb 171
Filbinger, Hans 118
Freyer, Elisabeth (59 – 68), 61, 183
Friedländer, Saul 182

Frisch, Max 58
Fuchs, Jürgen 115, 180
Führer, Christian 164, 166
Furtwängler, Wilhelm 41
Gauck, Joachim 12, 185
Gedeck, Martina 178
Gide, André 40
Goebbels, Joseph 23
Goethe, Johann Wolfgang 102,
	171
Graf, Oskar Maria 28
Gramsci, Antonio 167
Granderath, Christian 181
Grass, Günter 19, 115
Groß, Erna 27f.
Groß, Karl 25f., *26*
Grüber, Heinrich 43
Grübner, Max 181
Gründgens, Gustaf 41
Gruša, Jiři 89
Gueffroy, Chris 181
Guevara, Ernesto »Che« 116
Harich, Wolfgang 46, 48
Havel, Václav 89
Havemann, Katja *78*
Heerwagen, Bernadette 180
Hegel, Georg Wilhelm Friedrich
	167f., 174
Heine, Heinrich 14, 18
Henckel von Donnersmarck,
	Florian 176 – 179, *176*
Herder, Johann Gottfried 40
Hermlin, Stephan 39, 46, 48f.
Herrmann, Peter 36, *37*
Heuss, Theodor 49
Heym, Stefan 42
Hilbig, Wolfgang 108
Himmler, Heinrich 23
Hitler, Adolf 20, 23, 62

Hochhuth, Rolf 118
Ho Chi Minh 116, *117*
Hollwitz (Stasi-Offizier) 144
Honecker, Erich 67, 91
Hoppe, Marianne 45
Horaz 16
Ihering, Herbert 39
Jahn, Roland *78*
Jancke, Holger 182
Jaspers, Karl 31, 84
Jirkowsky, Marinetta 181
Jurisch (DEFA-Angestellte) 143
Kafka, Franz 47
Kantorowitz, Alfred 42, 46f., 50
Karow, Alexander 180
Katzenelson, Jizchak 18
Kempowski, Walter 43f.
Kilian, Hans-Ullrich 181
Kirsch, Rainer 108
Kirsch, Sarah 108
Kittelmann, Dr. 116, 118, 120
Klier, Freya (122 – 130), *130*
Koch, Sebastian 178
Koestler, Arthur 40, 167
Kolbe, Uwe 131
Kolditz, Stefan 180f.
Körte, Peter 179
Kothenschulte, Daniel 179
Krawczyk, Stephan 12, *130*,
	(133 – 139), *139*
Kretzschmar (Oberfeldwebel der
	NVA) 96
Kunze, Reiner 41, 100, 108, 114
Lambrecht (Dekan) 33
La Mettrie, Julien Offray de 83
Lang, Hilde von 46
Lieberknecht, Ulrike (152 – 161),
	152
Leibniz, Gottfried Wilhelm 23

Loest, Erich 46, (164–166), *166*, 176

Lösch, Manfred 96

Lukács, Georg 47

Luther, Martin 23, 54, 86

Luxemburg, Rosa 45

Majakowski, Wladimir 41

Mann, Klaus 49

Mao Zedong 116

Márquez, García 41

Martin du Gard, Roger 45

Marx, Karl 45, 122, 170

Matschenz, Jacob 180

Mayer, Hans 39, 49

Meienberg, Niklaus 184

Melcher, Peter 96

Merkel, Angela 178

Mielke, Erich 112

Miłosz, Czesław 48

Mühe, Ulrich 166, 175, *176*, 180

Müller, Heiner 14, 46

Müller-Stahl, Armin 9

Mund, Hans-Joahim 43ff.

Nagy, Imre 33

Neruda, Pablo 49

Neumann, Gert 113

Newton, Isaac 23

Nietzsche, Friedrich 122

Nossig, Alfred 18

Oistrach, David 40

Okudshava, Bulat 15

Ophüls, Marcel 175

Orff, Carl 56

Orwell, George 98, 106, 167

Paukert, Manfred 93f.

Pavese, Cesare 83

Perikles 80

Petöfi, Sándor 47f.

Portmann, Adolf 83

Raddatz, Fritz J. (39–51), *43*

Raeder, Walburga (101–106), *102*, *106*

Rathenow, Lutz (74–79), *75*, *78*

Reemtsma, Jan Philipp 10, 182

Riemann, Dietmar (91–99), *92*, *95*

Ringelblum, Emanuel 18

Rüger, Hildegard 59f., 62

Rüger, Manfred 59f., 62

Rüger, Werner 59f., 62

Safranski, Rüdiger 46

Schaarschmidt, Fritz 95

Schaarschmidt, Sigrid 95

Schabowski, Günter 183

Schacht, Ulrich (80–90), *81*, *90*

Schelling, Friedrich Wilhelm Joseph 171

Schiller, Friedrich 114

Schinzel, Rainer (25–30)

Schmidt, Horst (145–150), *147*, 149, 182

Schmidt, Michael 148ff., *149*, 182

Schnitzler, Karl Eduard von 146

Schnur, Wolfgang 115

Scholl, Hans 36

Scholl, Sophie 36, 178

Schönemann, Hannes *143*, 144

Schönemann, Sibylle (141–144), *141*, *142*, *143*, *144*, 182

Schönherz, Edaa 19

Schulze (Staatsanwalt) 65

Schulz-Olaja, Jan 179

Schwelien, Joachim 42

Schwenger, Hannes (115–120), *120*

Seghers, Anna 42, 48

Seitz, Gustav 46

Semprún, Jorge 42

Sened, Yonat 18

Siegmund (Lehrer) 29
Silone, Ignazio 40
Slánský, Rudolf 49
Sloterdijk, Peter 46
Smrkovsky, Josef 84
Solschenizyn, Alexander 106, 167
Sonntag (Lehrerin) 25
Sparsbrod, Agnes 154
Speer, Albert 183
Sperber, Manès 167
Sperlich, Bernhard 181
Spielberg, Steven 178
Springer, Axel Cäsar 116ff.
Stalin, Josef 16, 25f., 32, 44f.
Stein, Joachim (107 – 111), *110*, 112
Stein, Matthias 108ff., 112
Stein, Ursula 109, *110*, 112
Stognienko, Simone 180
Tenschert, Joachim 50
Thukydides 80
Trotzki, Leo 45, 167
Tucholsky, Kurt 41, 50

Tukur, Ulrich 178
U., Ch. 112ff.
Ulbricht, Walter 67, 116
Ullerich, Margot 19
Ullmann, Günter 121, 140
Vehe, Andreas *34*
Venturelli, José 49
Vercors (eigentl. Jean Marcel Bruller) 119
Wagner, Manfred (32 – 37), *33, 35, 37, 37*
Walther, Joachim (167 – 174), *167, 172*
Weide (Richter) 143
Weigel, Helene 42, *47*, 48
Weiss, Peter 49
Winter (Stasi-Leutnant) 91 – 94
Wonnebeger, Christoph 113
Wyssozki, Wladimir Semjonowitsch 15
Zweig, Arnold 42, 49
Zuckermann, Jizchak 18

Ortsregister

Altenburg (Thüringen) *152*
Auschwitz 18, 23
Bautzen 27, 42f., 104, 177
Berlin 26, 39, 50, *54*, 94, 102, 116f.,
    123, 159, 164f., *172*
    siehe auch Ost-Berlin und
    West-Berlin
– Dahlem 45
– Frohnau 97
– Grünheide *78*
– Hohenschönhausen 19, 57, 138
– Moabit 149
– Neukölln 44
– Rudow *40*
– Tegel 86
– Tempelhof 39
Bernau 148
Bitterfeld *59*, 65
Bonn 89
Boston 174
Boxberg (Oberlausitz) 91f., *92*,
    94
Brandenburg 43
Canossa 173
Celle 114
Colditz (Sachsen) 98, 99
Crimmitschau (Sachsen) 63, 66
Dahlem siehe Berlin
Dorndorf (Thüringen) 60
Dresden 54, 95, *125*, 127
Erfurt 185
Eschede 185
Frankfurt/Main 171
Frankfurt/Oder 171

Frohnau siehe Berlin
Fulda 185
Gadebusch (Mecklenburg-
    Vorpommern) 19
Geisa (Thüringen) 11
Gera 35, *35*
Göschitz (Thüringen) 154
Gräfenthal (Thüringen) 70
Greiz (Thüringen) 100, 121, 140
Groß Gievitz (Mecklenburg-
    Vorpommern) 5
Grünheide siehe Berlin
Gutenfürst (Sachsen) 67
Haifa 18
Halle/Saale 123, 174
Hamburg 44, 51, 171
Hildburghausen 79
Hirschberg *165*
Hoheneck (Erzgebirge) 104, 127
Hohenschönhausen siehe Berlin
Hoyerswerda 9
Jena 33ff., *37*
Kassel 120
Köln 185
Lobenstein (Thüringen) 32
Lochamei Ha'getaot 18
Leipzig *11*, 52, *52*, *53*, 55, 107 – 112,
    107, 114, *124*, 154, *162*, *163*, *164*,
    181, *183*
Malmsheim (Baden-Württem-
    berg) 154
Meiningen 61, 65, 68
Moabit siehe Berlin
Moskau 15, 170f., 174

München 176
Neuhaus-Schierschnitz
  (Thüringen) 74
Neukölln siehe Berlin
New York 49f.
Ost-Berlin *14*, 16f., *16, 21, 22, 39,*
  42, 47, 49, *66*, 91, 94, *97*, 104f.,
  105, 106, 116, 118f., *129*, 131, *134,*
  139, 147, 176, 182
Paris 50, 171
Potsdam 19, *142*, 143
Prag 17, 49, 84, *85*, 88f., 116
Probstzella (Thüringen) 25, *26, 27,*
  30, 71f., *73*
Rostock 54, 81
Rudow siehe Berlin
Rüsselsheim 113
Saalfeld 30, 69
Schanghai 49f.
Schleiz 154
Schwarza (Thüringen) 135
Schwerin 87

Sonneberg (Thüringen) 59f., *59,*
  62 – 65, 74, *74, 77*, 183
Stallberg (Thüringen) 138f.
Streudorf (Thüringen) 60
Stuttgart 154
Tegel siehe Berlin
Tel Aviv 23
Tempelhof siehe Berlin
Tokio 100
Treblinka 18
Tschernobyl 128
Tübingen 174
Warschau 18
Werdau (Sachsen) 65
West-Berlin 30, 39f., *40*, 44, 49,
  69, 96, 106, 115f., *117*, 118f., *120,*
  143, 145, 148f., 171, 173, 178
Wien 127
Wiesbaden 179
Winnenden 185
Wismar 81
Workuta 41f.

Sachregister

1. Mai (»Kampf- und Feiertag der Werktätigen«) 26, 47, 66, 72, 98f., 124, 136, 146f., 155f. 158, 184

7. Oktober (»Republikgeburtstag«) 98, 121, 159

17. Juni 1953 (Volksaufstand) 16, 54, 145

Abitur 32, 101, 103, 191

Arbeiter- und Bauernfakultät 35, 53

Arbeitsgesetzbuch 55

Auftrittsverbot 139, 189

Ausbürgerung/Abschiebung 13, 22, 134, 189ff.

Ausreise (Übersiedlung) 11, 61, 67, 94f., 99, 104, 128, 130, 141, 144, 172, 190ff.

Auszeichnungen 63, 70, 91, 136, 183

Befehle 9f., 12f., 68, 74, 77f., 136, 146, 150

Berufsverbot 14, 55, 115, 119, 123, 125, 191

Blockpartei (DDR-CDU u. a.) 37, 94, 158

Deutsche Kommunistische Partei (DKP) 116, 154

Deutsch-Sowjetische Freundschaft (DSF) 28, 41, 56, 147

Eingaben 104, 124, 155

Elternaktiv/Elternbeirat 71f., 127, 158f.

Elternversammlung 71, 158f.

Erweiterte Oberschule (EOS) 28, 32, 33, 60, 101ff., 148

Exmatrikulation 35, 54, 119

Fahnen 12, 26, 55, 72, 124f., 146, 156, 165

»feindlich-negative Kräfte« 144, 171

Ferienplatz 63, 177

Flucht/Republikflucht 9, 11, 18, 27, 30, 45, 60, 65, 72f., 76, 79, 97, 104, 113ff., 122, 127, 145f., 149, 154, 158, 180, 181, 182, 184, 193f.

Flugblätter 27, 36

Freie Deutsche Jugend (FDJ) 19, 28, 32, 37, 53, 66, 69f., 106, 116, 122, 129, 145

Freiwillige Helfer der Grenztruppen/Grenzpolizeihelfer 27, 73f.

Gehaltserhöhung 63

Geheime Staatspolizei (Gestapo) 18, 20, 50, 178

Gesellschaft für Sport und Technik (GST) 28f., 69

Gesellschaftliche Tätigkeit 56

Gesellschaftswissenschaftliches Grundstudium (Marxismus/ Leninismus) 33f.

Grenze (DDR-Westgrenze) 9, 13, 27, 30, 40, 57, 59ff., 68, 71f., 74 – 79, 105f., 148ff., 160, 180ff.

Grenzgebiet (Sperrzone) 59, 62, 73, 77, 189

Grenzsoldaten 9, 13, 57, 74, 76, 78, 105, 146, 149, 180ff.

Haft (Gefängnis, Zuchthaus, Arbeitslager) 11, 27, 30, 35ff., 39, 43, 48, 51, 55ff., 59, 65, 67f., 84, 87, 89, 104, 109 – 111, 114, 119, 122, 127, 133, 138, 143f., 150, 154, 176ff., 184, 190, 192ff.

Hessischer Rundfunk 29, 107, 113, 189

Junge Gemeinde 32, 122

Junge Pioniere 26, 98, 106, 122, 127, 148, 152f., 157, 159f., 182

Kaderakte 55, 88

Kampfgruppen 12, 37, 54, 56, 62, 70, 145, 146, 182

Kirche 19, 43, 71, 93, 101, 103, 105f., 129, 139, 148, 155ff., 164f., 191

Klassenstandpunkt 123

Konfirmation 28, 71f., 102, 156

Landwirtschaftliche Produktionsgenossenschaft (LPG) 146, 155

Lehrer 9, 19, 25, 28f., 32, 36, 71f., 100ff., 106, 130, 152, 158ff., 179

Literatur 28, 40 – 46, 89, 106f., 111, 167f., 174, 189, 191f., 194

Mauer 74, 94, 102, 115, 180

Mauerbau 30, 39, 44, 53f., 61, 146f., 180

Mauerfall 10, 19, 30, 89, 106, 149, 160, 165, 183, 194

Mauerflüchtling 97, 149, 181f., 193

Mauerschützen-Prozeß 149f.

Musterung 75, 148, 180

Nationale Volksarmee (NVA) 12, 55f., 63, 96ff., 106, 123, 138

»negativ-feindliche Elemente« 95

NSDAP 21, 119

Panzerspielzeug 70, 79

Pfarrer/Pastor 26, 32, 43, 49, 54, 71, 101, 113, 153ff., 157ff., 164ff.

politisches Strafrecht
– »Beeinträchtigung staatlicher Tätigkeit« 95, 193
– »konterrevolutionäre Gruppenbildung« 192
– »landesverräterische Nachrichtenübermittlung« 169
– »staatsfeindliche Hetze« 84, 169, 193
– »staatsgefährdende Propaganda und Hetze« 61
– »Staatsverleumdung« 65, 68, 122

Politunterricht/Politoffiziere 56, 181

Prager Frühling (1968) 17, 84f., 88, 116, 194

Privilegien 40, 57, 126, 128, 135f., 175, 177, 180, 183

Propaganda 72, 77, 82, 89, 96, 145, 149, 157, 180

Radio im amerikanischen Sektor (RIAS) 26, 39, 44f.

Revolution 89, 117, 149, 177, 184

Schießübungen 69f.

Schriftsteller 14, 45f., 49, 108, 113, 128, 167, 175f.

Schule 9ff., 19, 25 – 28, 30, 32, 37, 65, 71f., 96ff., 100ff., 122, 129f., 148, 152, 157ff., 179

Sozialistische Einheitspartei Deutschlands (SED) 9, 13, 15, 17, 19 – 22, 26, 32f., 35, 37, 41ff., 48, 50, 56, 62f., 65f., 68, 71f., 77, 88, 91, 94, 102, 104, 111, 119, 121f., 126, 128, 130, 133, 135, 146f., 149f., 159, 168f., 171f., 180

Spitzel (bzw. Inoffizieller Mitarbeiter – IM) 15, 20, 22, 49, 61,

63f., 68, 91, 101, 104, 109 – 112, 114, 135, 168 – 172, 178
Staatsfeind 55, 109, 122
Stasi (Ministerium für Staatssicherheit – MfS) 11f., 15, 19 – 22, 30, 35, 37, 39, 41, 45, 53f., 57, 59f., 62 – 65, 77, 81, 87f., 91 – 94, 101, 105, 108 – 116, 119f., 134, 138, 142ff., 155, 167ff., 175ff., 190f.
Studenten 33ff., 53, 81, 170
Studienplatz 49, 57, 63, 72, 76, 102, 112, 128, 180
Theater 14, 39, 42, 123, 125ff.
Ungarn-Aufstand (1956) 33ff., 47

Unterschriftensammlung 35, 53, 128, 158
Verweis 100
Volkspolizei 44, 60, 62, 65, 137
Wahlen 12, 21, 20, 34, 66, 68, 70f., 121, 133f., 147, 149, 155, 158, 184
Wehrdienst 56f.
Wehrerziehung/Wehrkunde-Unterricht 96, 127
Wehrkreiskommando 148
Wehrlager 75
Westsender 29f., 33
Witze 18, 54, 170
Zensur 46, 115
Zwangsaussiedlung 60 – 63, 67f., 184, 194

Bildnachweis

Hans-Georg Anders, Leipzig 53, 55
Archiv der Evangelisch-Reformierten Gemeinde zu Leipzig 163
Archiv Roman Grafe, Frankfurt am Main 73
BStU, Gera/Erfurt 36, 37, 59, 64
Bundesarchiv Koblenz 66 (Zastrow), 71 (Joachim Spremberg)
Manfred Butzmann, Potsdam 5, 38, 132, 151
Dora Claußner, Gera 70
Karl Corino, Tübringen 107, 110
Mahmoud Dabdoub, Leipzig 11, 124, 162
Deutsches Literaturarchiv, Marbach 43
Elisabeth Freyer, Neustadt bei Coburg 61, 65
Gedenkstätte Amthordurchgang, Gera 35
Harald Hauswald, Berlin 21, 97, 105, 129, 182
Hans-Joachim Helwig-Wilson, Berlin 40, 52, 54
Klaus Lehnartz/photonet.de, Berlin Titelfoto, 9, 134, 135, 137, 153
Ulrike Lieberknecht, Neuhaus-Schierschnitz 152, 156
Detlef Lindner, Berlin 125
Michael Loewenberg, Berlin 142, 144
Walburga Raeder, Berlin 102, 103, 106
Lutz Rathenow, Berlin 75, 78
Uwe Reichenberg, Stuttgart 183
Dietmar Riemann, Mosbach 92, 95, 98, 113
Ulrich Schacht, Förslöv 81, 90
Rainer Schinzel, Hannover 26, 29
Horst Schmidt, Berlin 147, 149
Sibylle Schönemann, Potsdam 141, 143
SLUB Dresden/Deutsche Fotothek, Christian Borchert 167
Gerhard Steidl, Göttingen 166
Ullstein-Bild, Berlin 14 (Mehner), 16, 22 (ADN-Bildachiv), 47 (Jung),
    69, 84, 85 (AP), 117 (dpa), 120 (dpa), 130 (dpa), 139 (Mehner),
    160 (Döhring), 165 (Raupach), 176 (Wenzel-Orf), 186 (Zöllner)
Manfred Wagner, Rudolstadt 33, 34
Joachim Walther, Grünheide 172
Karl Zenkel, Steinbach am Wald 74, 77

Roman Grafe

DIE GRENZE DURCH DEUTSCHLAND

EINE CHRONIK VON 1945 BIS 1990

ISBN 978-3-570-55082-3, 544 Seiten mit 300 Abb.,
€ 16,95 [D]

Von 1945 bis 1990 teilte die Grenze Deutschland in Ost und West, in BRD und DDR. Aus der anfänglichen Demarkationslinie wurde eine Todeszone und die Menschen arrangierten sich entweder mit dieser Grenze oder sie kämpften gegen sie an. Eine faszinierende Chronologie der deutschen Teilung.

»LEST DIESES BUCH!«
Frankfurter Allgemeine Zeitung

www.pantheon-verlag.de